教｜育｜知｜库

雅韵华章·经典诵读（上）

贾向华——主编

光明日报出版社

图书在版编目（CIP）数据

雅韵华章·经典诵读：上下册 / 贾向华主编 . --
北京：光明日报出版社，2021.9
ISBN 978-7-5194-6241-3

Ⅰ.①雅… Ⅱ.①贾… Ⅲ.①阅读课—小学—教学参
考资料 Ⅳ.① G624.233

中国版本图书馆 CIP 数据核字（2021）第 165192 号

雅韵华章·经典诵读：上下册
YAYUN HUAZHANG · JINGDIAN SONGDU: SHANGXIACE

主　　编：贾向华

责任编辑：黄　莺　　　　　　　责任校对：刘欠欠
封面设计：中联华文　　　　　　责任印制：曹　净

出版发行：光明日报出版社
地　　址：北京市西城区永安路 106 号，100050
电　　话：010-63169890（咨询），010-63131930（邮购）
传　　真：010-63131930
网　　址：http://book.gmw.cn
E - mail：gmrbcbs@gmw.cn
法律顾问：北京市兰台律师事务所龚柳方律师

印　　刷：三河市华东印刷有限公司
装　　订：三河市华东印刷有限公司
本书如有破损、缺页、装订错误，请与本社联系调换，电话：010-63131930

开　　本：170mm × 240mm
字　　数：401 千字　　　　　　印　　张：28
版　　次：2022 年 1 月第 1 版　印　　次：2022 年 1 月第 1 次印刷
书　　号：ISBN 978-7-5194-6241-3

定　　价：99.00 元（全二册）

《雅韵华章·经典诵读》
上册

顾　　问：刘胜田　郑助山　张立满　王淑玲

主　　编：贾向华

审　　定：崔建红　刘海娟

编　　委：毕雪梅　董凯云　高克军　李　静

　　　　　栗欣淼　李亚萍　刘胜强　王丽丽

　　　　　刘秀新　卢雪莲　宋　敏　王向飞

　　　　　王妍妍　杨　媛　赵春蕾　周学颖

　　　　　张淑英

（排名不分先后，按姓氏拼音排序）

总序

习近平总书记曾说过："中国传统文化博大精深，学习和掌握其中的各种思想精华，对树立正确的世界观、人生观、价值观很有益处……学史可以看成败、鉴得失、知兴替；学诗可以情飞扬、志高昂、人灵秀；学伦理可以知廉耻、懂荣辱、辨是非。"这番话充分体现了中华优秀传统文化对学习者的重要意义。

南堡实小努力坚持学校特色办学，始终秉承"立德树人，培养大雅之人"的教育理念，关注学生德、智、体、美、劳的全方面发展。"国学经典诵读"即为落实我校教育理念的重要载体。为更好地发挥唐山市"中小学德育工作先进集体"以及曹妃甸区"中华经典诵读示范单位"的示范辐射作用，我校用心创办了本套校本课程，我们意欲通过课程设计，使日常诵读活动在内容和进度上有章可循。利用课程分级管理的体制，优化学校课程结构，充分发挥学校及家庭教育资源的功能，促进学生的发展。

我们的孩子，会通过读经典，成为孝顺父母、懂礼貌、知礼仪、有教养的人。他们的生活品位和人生内涵会在更高的起点上迈步；我们的孩子，会通过读经典，逐渐形成内心宁静、安详的良好读书习惯，从而提高学习的效率和质量；我们的孩子，会通过读经典，在潜移默化中提高阅读文言文的能力，扫除文言文阅读障碍，从而为考大学、做学问、干事业奠定良好的基础；我们的孩子，会通过读经典，从小树立"修身、齐家、治国、平天下""立德、立功、立言"等人生志向，从而懂得责任担当，懂得如何更好地实现人生的幸福和成功。

目 录

弟子规
一年级（上）

三字经
一年级（下）

千字文
二年级（上）

声律启蒙
二年级（下）

弟子规

一年级（上）

第一单元　总叙

　　学生要有正确的言行规范，这是古代圣贤的教导。作为小学生，我们的行为规范是什么呢？首先要孝敬父母、尊敬师长，其次要做事谨慎、为人真诚、讲信用。这也是《弟子规》的纲领。

第1章　弟子规

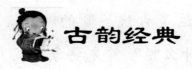 **古韵经典**

dì zǐ guī　　shèng rén xùn
弟子规，圣人训，

shǒu xiào dì　　cì jǐn xìn
首孝弟，次谨信。

注释

规：规范。

训：教诲，准则。

弟：同"悌"，敬重兄长，兄弟间彼此诚心友爱。

谨：言思缜密；谨慎。

信：笃实，诚实。

日积月累

孝子江革

　　东汉初年，天下大乱。当时有个名叫江革的人，从小失去了父亲，母子二人相依为命。江革为了避乱，干脆背上母亲弃家出走去逃难。

　　江革背着母亲，一路风餐露宿，还要躲避盗贼。母亲虽然年老，体重较轻，但走一段长路之后，江革就会累得满头大汗。母亲心疼儿子，要下来自己走，江革却说："孩儿背着母亲，感觉自己很幸福。"逃难的路上，许多人见到江革都肃然起敬。

 诗歌赏析

晨风吹

chén fēng chuī
晨 风 吹 ，
yáng guāng zhào
阳 光 照 。

xiǎo xué shēng
小 学 生 ，
jiǎng lǐ mào
讲 礼 貌 。

jiàn lǎo shī
见 老 师 ，
wèn shēng hǎo
问 声 好 。

xué zhī shi
学 知 识 ，
zūn jiào dǎo
遵 教 导 。

tóng xué jiān
同 学 间 ，
hù guān xīn
互 关 心 。

shàn lǐ jiě
善 理 解 ，
lè zhù rén
乐 助 人 。

第2章　泛爱众

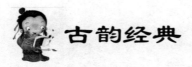
古韵经典

fàn ài zhòng　　ér qīn rén
泛爱众，而亲仁，

yǒu yú lì　　zé xué wén
有余力，则学文。

注释

泛爱：博爱。　　　　　　　亲：亲近，接近。

仁：有仁德的人。　　　　　文：礼、乐、射、御、书、数为文。

日积月累

董遇巧用三余

　　三国时期，魏国有一个人叫董遇。自幼生活贫苦，整天为了生活而奔波。但是他只要有时间，就坐下来读书学习，所以知识很渊博，人们很佩服他。附近的人纷纷前来求教，并问他如何学习。董遇告诉他们说："冬者，岁之余；夜者，日之余；阴雨者，时之余。"学习要利用三余，也就是三种空余时间：冬天是一年之余，晚上是一天之余，雨天是平日之余。人们听了，恍然大悟，原来就是要通过一切可以利用的时间来读书学习，以提高自己的水平。

 诗歌赏析

梳 子

mā ma yòng shū zi
妈 妈 用 梳 子 ，
shū zhe wǒ de tóu fa
梳 着 我 的 头 发 ，
wǒ yě yòng shū zi
我 也 用 梳 子 ，
shū zhe mā ma de tóu fa
梳 着 妈 妈 的 头 发 ；
fēng shì shù de shū zi
风 是 树 的 梳 子 ，
shū zhe shù de tóu fa
梳 着 树 的 头 发 。

第二单元　入则孝 出则悌

　　"鸦有反哺之义，羊知跪乳之恩。"孔子要求弟子们首先要致力于孝悌、谨信、爱众、亲仁，培养良好的道德观念和道德行为。作为中国传统文化核心内容之一的"孝"文化，在我们构建社会主义文明的新时期，仍然是很宝贵的资源。

第 3 章　弟子规

 古韵经典

fù mǔ hū　　yìng wù huǎn
父母呼，应勿缓，

fù mǔ mìng　　xíng wù lǎn
父母命，行勿懒。

注释

呼：喊，叫，召，唤。

缓：迟缓，缓慢，怠慢。

勿：不，不要。

命：命令，指示。

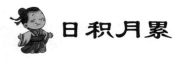

日积月累

哭竹生笋

从前楚国有个人叫孟宗，照顾母亲十分细心周到。一年冬天，天气非常寒冷，孟母突然病了，什么也不想吃。孟宗很着急地问："娘，你想吃什么？"孟母说："我只想喝一碗新鲜的笋汤。"孟宗听完，马上跑到屋后

的竹园，四处挖掘，希望能找到竹笋。可是在冬天，哪里有竹笋呢？孟宗急得大哭起来。他的眼泪一滴一滴地掉在地上融化了雪，地上长出了嫩绿的笋，他赶紧把竹笋挖出来，回家做了一碗笋汤。孟母喝了汤，病就全好了。

诗歌赏析

小 船

hé biān de xiǎo chuán
河边的小船，
xiàng yí gè shuì wǔ jiào de hái zi
像一个睡午觉的孩子。
hé shuǐ qīng qīng yáo zhe xiǎo chuán
河水轻轻摇着小船，
xiàng yí gè róu ruǎn de yáo lán
像一个柔软的摇篮。

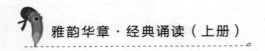
第4章 父母教

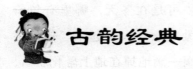 **古韵经典**

fù mǔ jiào　　xū jìng tīng
父母教，须敬听，

fù mǔ zé　　xū shùn chéng
父母责，须顺承。

注释

教：训诲，教导。

听：听话，听从，接受。

顺承：顺从承受。

敬：尊重，尊敬，恭敬。

责：要求，责备，责问。

日积月累

闵子骞谏父

周朝有个孝子叫闵子骞。生母过世早，父亲娶了一个后妻，生了两个儿子。后母很厌恶闵子骞，冬天给亲生儿子做棉衣裳，给闵子骞做的衣裳里面装的却是芦花。一天，父亲叫他推车子外出。因为身体寒冷，失掉了驾马引轴的皮带子。父亲以为儿子粗心，用鞭子抽打他。当衣服被抽破后，父亲发现了真相，就要赶走后母。这时闵子骞跪下来求父亲说："母在一子单，母去三子寒。"这番话感动了后母，后母最终也变成了慈母！

诗歌赏析

祖国 祖国 我们爱你

xiǎo xiǎo là bǐ chuān huā yī
小 小 蜡 笔 穿 花 衣 ，
hóng huáng lán lù duō měi lì
红 黄 蓝 绿 多 美 丽 。
xiǎo péng yǒu men duō me huān xǐ
小 朋 友 们 多 么 欢 喜 ，
huà gè tú huà bǐ yì bǐ
画 个 图 画 比 一 比 。
huà xiǎo niǎo fēi zài lán tiān lǐ
画 小 鸟 飞 在 蓝 天 里 ，
huà huā duǒ zhǎng zài chūn tiān lǐ
画 花 朵 长 在 春 天 里 。
nǐ huà tài yáng wǒ huà guó qí
你 画 太 阳 我 画 国 旗 ，
zǔ guó zǔ guó wǒ men ài nǐ
祖 国 祖 国 我 们 爱 你 。

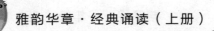
第 5 章　冬则温

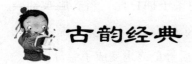
古韵经典

dōng zé wēn　　xià zé qìng
冬则温，夏则清，
chén zé xǐng　　hūn zé dìng
晨则省，昏则定。

注释

温：暖，温暖。　　　　　　　　清：凉，清凉。

省：看望（父母、尊亲）。　　　定：安定，此处指安顿床铺。

 日积月累

黄香温席

东汉时期，有个叫黄香的孩子。在母亲去世后和父亲相依为命。他九岁时就知道孝敬父亲。夏天，酷暑难耐，为了使父亲晚上能很快入睡，黄香每晚都先把凉席扇凉，再请父亲去睡；冬天，天寒地冻，黄香每天先钻到父亲冰凉的床上，用身体温热被子后，再扶父亲上床睡觉。

黄香的事迹也流传到了京城，号称"天下无双，江夏黄香"！黄香小小的年纪，就有这样的孝心，也使他在做人、求学上有所成就。

 诗歌赏析

对对歌

yí gè dà　　yí gè xiǎo
一 个 大 ， 一 个 小 ，

yí gè xī guā yì kē zǎo
一 个 西 瓜 一 颗 枣 。

yì biān duō　　yì biān shǎo
一 边 多 ， 一 边 少 ，

yì qún dà yàn yì zhī niǎo
一 群 大 雁 一 只 鸟 。

yì biān chàng　　yì biān tiào
一 边 唱 ， 一 边 跳 ，

dà xiǎo duō shǎo jì de láo
大 小 多 少 记 得 牢 。

第6章　事虽小

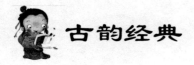 古韵经典

shì suī xiǎo　　wù shàn wéi
事虽小，勿擅为，
gǒu shàn wéi　　zǐ dào kuī
苟擅为，子道亏。

注释

擅：擅自，自作主张。

亏：欠缺，短少，亏损。

苟：假如，如果。

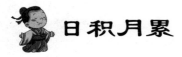 **日积月累**

刘备教子

三国时候，刘备临终时，对儿子刘禅不放心。除了把他托付给丞相诸葛亮，还给他写下了一封信。信中说："勿以恶小而为之，勿以善小而不为。惟贤惟德，能服于人。"这是说，不要认为这件事情小，坏事就可以胡作非为，好事就可以不做，只有品德良好才能让人信服。

后来，在诸葛亮的辅佐下，蜀国暂时没有大的失误。诸葛亮死后，刘禅开始宠信宦官，逐渐放纵自己，最终蜀国被灭，刘禅也成了俘虏。

 **诗歌赏析**

灯塔妈妈

tiān hēi le　　làng jìng le
天 黑 了 ， 浪 静 了 ，
dà hǎi shàng jìng qiāo qiāo de
大 海 上 静 悄 悄 的 ，
zhǐ yǒu dēng tǎ mā ma shuì bù zháo
只 有 灯 塔 妈 妈 睡 不 着 。
zhēng dà le yǎn jing dào chù kàn
睁 大 了 眼 睛 到 处 看 ，
hái yǒu méi yǒu méi huí jiā de chuán bǎo bao
还 有 没 有 没 回 家 的 船 宝 宝 。

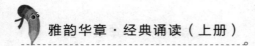

第7章 物虽小

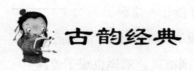

古韵经典

wù suī xiǎo　　wù sī cáng
物虽小，勿私藏，

gǒu sī cáng　　qīn xīn shāng
苟私藏，亲心伤。

注释

亲：父母。　　　　　　　　　　　　　伤：伤害，损害。

 日积月累

陶母责子

陶侃是东晋有名的贤臣，他从小就勤奋好学，人品极好。陶侃长大后，担任了管理渔业的小官。

这一年，他托人带回家一坛腌鱼孝敬母亲。没想到，母亲却让人把鱼原封不动地退回来，并且给他写了一封信。信中说："你是国家的官吏，怎么能用公家的东西孝敬母亲呢？虽然只是一坛腌鱼，但也是为政不廉啊！"陶侃深深记住了母亲的教导，从此他勤政为民、两袖清风，最终成了晋朝著名的清官。

 诗歌赏析

秋

hú bō shàng
湖　波　上
dàng zhe hóng yè yí piàn
荡　着　红　叶　一　片　，
rú yí yè piān zhōu
如　一　叶　扁　舟
shàng miàn zuò zhe qiū tiān
上　面　坐　着　秋　天　。

第 8 章　兄道友

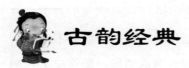

古韵经典

xiōng dào yǒu　　dì dào gōng
兄道友，弟道恭，

xiōng dì mù　　xiào zài zhōng
兄弟睦，孝在中。

注释

道：道义。　　　　　　　　　恭：恭敬，谦逊有礼貌。

在：存在。　　　　　　　　　中：当中。

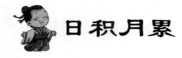 日积月累

孔融让梨

孔融家里有五个哥哥、一个弟弟。有一天，家里吃梨。一盘梨子放在大家面前，哥哥们让弟弟们先拿，孔融拿了一个最小的。爸爸看见了问孔融："这么多的梨，又让你先拿，你为什么不拿大的，只拿一个最小的呢？"

孔融说："我年纪小，应该拿小的，大的留给哥哥吃。"

父亲又问他："你还有弟弟哩，弟弟不是比你还要小吗？"

孔融说："我是哥哥，应该把大的留给弟弟吃。"

父亲听了很欣慰，称赞他是一个好孩子。

 诗歌赏析

蜗 牛

wǒ zǒu lù
我 走 路
bú suàn màn
不 算 慢，
shuí ná chǐ zi liáng liáng kàn
谁 拿 尺 子 量 量 看，
duǎn duǎn de yì xiǎo shí
短 短 的 一 小 时
wǒ yǐ jīng zǒu le wǔ cùn bàn
我 已 经 走 了 五 寸 半。

021

第9章　或饮食

 古韵经典

huò yǐn shí　　huò zuò zǒu
或 饮 食 ，或 坐 走 ，

zhǎng zhě xiān　　yòu zhě hòu
长 者 先 ，幼 者 后 。

注释

或：或者，或是。　　　　　饮：喝，饮食，可喝的东西。

食：吃的东西。　　　　　　长：辈分高，年纪大。

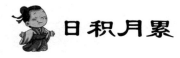 日积月累

信陵君敬老

信陵君是战国时期的"四公子"之一。虽然他的势力很大，有上千门客，但信陵君却是一个敬老爱贤的人。他听说看守城门的老人侯嬴很贤德，便登门拜访，希望将人才招到麾下。信陵君不但亲自出马，还将马车上尊贵的位子空出来留给侯嬴。侯嬴听说此事，故意表现得非常傲慢。哪知，侯嬴越是傲慢，信陵君越是恭敬。最终，侯嬴被信陵君的诚意打动，答应做他的门客。

 诗歌赏析

爷爷太老

yé ye tài lǎo　　shēn tǐ bù hǎo
爷 爷 太 老 ，　身 体 不 好 。

fáng jiān wèi shēng　　wǒ bāng dǎ sǎo
房 间 卫 生 ，　我 帮 打 扫 。

yé ye tài lǎo　　jì xìng bù hǎo
爷 爷 太 老 ，　记 性 不 好 。

diū dōng wàng xī　　wǒ bāng tā zhǎo
丢 东 忘 西 ，　我 帮 他 找 。

yé ye gāo xìng　　zhí kuā wǒ hǎo
爷 爷 高 兴 ，　直 夸 我 好 。

wǒ shuō yīng gāi　　ài lǎo jìng lǎo
我 说 应 该 ，　爱 老 敬 老 ！

第三单元　谨而信

　　作为一名小学生，我们要做到"谨信"。谨是谨慎，信就是讲信用。对待自己的言语、思想、行为要慎重，不能轻率放荡，要时常检查是善是恶。表现在言、思、行上，不再有虚妄，处处显示真实，这就是信。

第 10 章　晨必盥

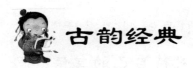
古韵经典

chén bì guàn　　jiān shù kǒu
晨必盥，兼漱口，

biàn niào huí　　zhé jìng shǒu
便溺回，辄净手。

注释

盥：盥洗。

辄：总是，立即。

便溺：大小便。

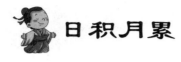 日积月累

不讲卫生的王安石

　　王安石是宋朝最有名的宰相之一。不过他有一个很大的缺点，就是不讲卫生。他不爱洗澡，不爱换洗衣服。有一次，皇帝召见王安石商议要事。谈话间，一只虱子从王安石的衣领里爬到了他的脸上。皇帝看到后偷偷地笑了，可王安石一点儿也不知道。后来，这件事成为人们的笑谈。

　　王安石是一位大政治家，但他的仪表真是糟糕。我们千万不要学他，一定要养成良好的卫生习惯。

 诗歌赏析

指甲长了

<pre>
zhǐ jiā cháng le   bù jiǎn diào
指　甲　长　了　不　剪　掉，
yòu xiàng xiǎo gǒu yòu xiàng māo
又　像　小　狗　又　像　猫，
xiǎo shǒu shēn gěi nǎi nai qiáo
小　手　伸　给　奶　奶　瞧，
xià le nǎi nai yí dà tiào
吓　了　奶　奶　一　大　跳。
</pre>

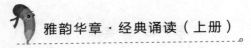
第 11 章　置冠服

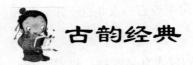
古韵经典

zhì guān fú　　yǒu dìng wèi

置冠服，有定位，

wù luàn dùn　　zhì wū huì

勿乱顿，致污秽。

注释

定：不变，固定。

污：弄脏，肮脏，不干净。

顿：安置，安放。

秽：肮脏，污秽。

日积月累

衣冠整洁张九龄

张九龄是唐朝著名的诗人，也是一位优秀的政治家。他容貌清秀，平时总是衣帽整洁。走在路上，总显得风度潇洒、与众不同，赢得路上行人的目光。每当朝廷有重要的朝会时，他在众人中间总是很显眼，连皇帝对他的举止都赞赏不已。凡是张九龄在，那里的气氛就会格外愉快，大家都乐意同他在一起说笑、玩乐、探讨学问。张九龄的仪表也给他带来了好人缘。

诗歌赏析

月亮

tiān shàng yuè liang yuán yòu yuán
天 上 月 亮 圆 又 圆 ，

zhào zài hǎi lǐ xiàng yù pán
照 在 海 里 像 玉 盘 。

yì qún yú er yóu guò lái
一 群 鱼 儿 游 过 来 ，

yù pán suì chéng liǎng sān piàn
玉 盘 碎 成 两 三 片 。

yú er xià de kuài táo kāi
鱼 儿 吓 得 快 逃 开 ，

yì zhí táo dào yán shí biān
一 直 逃 到 岩 石 边 。

huí guò tóu lái kàn yí kàn
回 过 头 来 看 一 看 ，

yuè liang hái shì yuán yòu yuán
月 亮 还 是 圆 又 圆 。

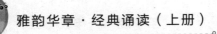
第 12 章　衣贵洁

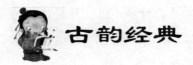

古韵经典

yī guì jié　　bú guì huá
衣 贵 洁 ，不 贵 华 ，

shàng xún fèn　　xià chèn jiā
上 循 分 ，下 称 家 。

注释

贵：重要的。　　　　　　　　　　华：华丽，奢华。

上：尊长，长辈，地位高。　　　　循：遵守，符合。

下：晚辈，位置低的，平常人。　　家：家境。

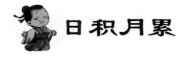 **日积月累**

正气压邪气

唐朝时候有一件名贵毛裘，武则天赐给了她最宠爱的宦官张昌宗。一天，武则天让狄仁杰和张昌宗玩博戏。狄仁杰说："臣以连胜三局为条件，以粗绸紫袍赌昌宗身上的毛裘。"武则天笑道："这毛裘值千金，你那袍子能值几个钱！"狄仁杰说："毛裘这非正式的衣服和臣的官袍对赌，不合算吗？"张昌宗听了心虚胆寒，三局连输。狄仁杰马上脱了张的毛裘，前脚踏出宫门，后脚就将毛裘扔给了家奴。狄仁杰赢在正气压邪气，赢在紫袍所代表的身份和地位。

 **诗歌赏析**

没有一艘船能像一本书

méi yǒu yì sōu chuán
没 有 一 艘 船

néng xiàng yì běn shū
能 像 一 本 书，

yě méi yǒu yì pǐ jùn mǎ
也 没 有 一 匹 骏 马

néng xiàng yí yè tiào yuè zhe de
能 像 一 页 跳 跃 着 的

shī háng nà yàng
诗 行 那 样 ——

bǎ rén dài wǎng yuǎn fāng
把 人 带 往 远 方 。

第 13 章　对饮食

 古韵经典

duì yǐn shí　　wù jiǎn zé
对饮食，勿拣择，

shí shì kě　　wù guò zé
食适可，勿过则。

注释

择：挑选，择取。　　　　　食：吃。

适：适当，适度。　　　　　则：准则，规则。

志存高远宗悫（què）

宗悫是南北朝时期的人，年轻时很不得志，而他的同乡虞业有权有势，特别富有。每当虞业宴请客人的时候，总是有几十道菜，酒菜摆得有一丈见方。然而，他招待宗悫时，只给他吃杂粮煮的饭。但宗悫还是照样吃饭，从不因为饭菜差而发脾气。他胸有大志，把主要精力都用在了学习上。后来，宗悫做了豫州太守，但他并不忌恨虞业，反而认为虞业有才并请他做部下。宗悫把过去受辱的事看得很开，具有宽厚的胸怀，真是了不起。

风从我指间穿过

wǒ yǐ gǎn shòu dào le fēng
我 已 感 受 到 了 风 。

wǒ wò jǐn le shǒu zhǎng
我 握 紧 了 手 掌 。

fēng lǐ yǒu huā xiāng
风 里 有 花 香 。

fēng lǐ yǒu niǎo míng
风 里 有 鸟 鸣 。

fēng lǐ yǒu gē shēng
风 里 有 歌 声 。

wǒ zhāng kāi le shǒu zhǎng
我 张 开 了 手 掌 。

fēng shì zì yóu de jīng líng
风 是 自 由 的 精 灵 。

fēng cóng wǒ zhǐ jiān chuān guò
风 从 我 指 间 穿 过 。

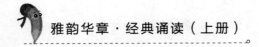

第 14 章　借人物

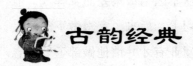

古韵经典

jiè rén wù　　jí shí huán
借人物，及时还，

rén jiè wù　　yǒu wù qiān
人借物，有勿悭。

注释

物：东西，物品。

悭：吝啬，小气。

还：归还。

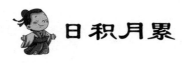 **日积月累**

宋濂还书

宋濂是我国明初的一代文学家。有一次，宋濂到一个富人家借书看，这家人不愿意借给他，所以在宋濂借书时说十天之内要还回来。这家人以为这样宋濂就不会再借，可宋濂满心欢喜地答应了。到了第十天的早晨，天上飘着鹅毛大雪，宋濂早早儿地起来向那富人家赶去。那家人以为这样的天气，宋濂不会来还书了，可是没想到宋濂却冒雪把书还了回来。这富人很感动，他告诉宋濂以后可以随时来看书，不再给他限定还书时间。

 **诗歌赏析**

生活的颜色（节选）

yí gè xiǎo péng you wèn wǒ
一 个 小 朋 友 问 我 ，
shēng huó shì shén me yán sè
生 活 是 什 么 颜 色 ？
yǒu shí shì shǎn shǎn guì guān de yín sè
有 时 是 闪 闪 桂 冠 的 银 色 ，
yǒu shí shì cháng yè màn màn de hēi sè
有 时 是 长 夜 漫 漫 的 黑 色 ，
yǒu shí shì fēi téng huǒ yàn de hóng sè
有 时 是 飞 腾 火 焰 的 红 色 ，
yǒu shí shì yīn mái tiān kōng de huī sè
有 时 是 阴 霾 天 空 的 灰 色 ……

第四单元　有余力 则学文

　　"知识改变命运。"同学们，我们要抓紧时间学习知识，尽快掌握各种技能。我们要树立良好的学风，在刻苦学习的同时要亲自实践，才能学有所成，将来才能成为国家的栋梁之材。

第 15 章　不力行

 古韵经典

bú lì xíng　　dàn xué wén
不力行，　但学文，

zhǎng fú huá　　chéng hé rén
长浮华，　成何人？

注释

长：增长。

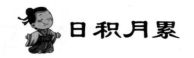

纸上谈兵

战国时期，赵国大将赵奢的儿子叫赵括，他从小熟读兵书，张口爱谈军事，别人往往说不过他。赵括因此很骄傲，自以为天下无敌。然而赵奢却很替他担忧，认为他不过是纸上谈兵。果然，秦军来犯，赵军在长平坚持抗敌。那时赵奢已经去世。廉颇负责指挥全军，他年纪虽高，打仗仍然很有办法，使得秦军无法取胜。秦国知道拖下去对己不利，就施了反间计，派人到赵国散布"秦军最害怕赵括将军"的话。

赵王便派赵括替代廉颇指挥军队。赵括自认为很会打仗，照搬兵书，完全改变了廉颇的作战方案。结果赵军被歼灭，他自己也被秦军箭射身亡。

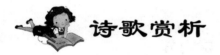 诗歌赏析

雪花的快乐

jiǎ rú wǒ shì yì duǒ xuě huā
假 如 我 是 一 朵 雪 花，
piān piān de zài bàn kōng lǐ xiāo sǎ
翩 翩 地 在 半 空 里 潇 洒，
wǒ yí dìng rèn qīng wǒ de fāng xiàng
我 一 定 认 清 我 的 方 向 ——
fēi yáng fēi yáng fēi yáng
飞 扬， 飞 扬， 飞 扬 ——
zhè dì miàn shàng yǒu wǒ de fāng xiàng
这 地 面 上 有 我 的 方 向。

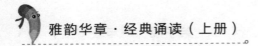
第 16 章　房室清

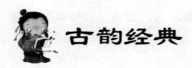

古韵经典

fáng shì qīng　　qiáng bì jìng
房室清，墙壁净，

jī àn jié　　bǐ yàn zhèng
几案洁，笔砚正。

注释

清：本义为"水清"，洁净，干净。

几案：案桌（矮小狭长的桌子）。

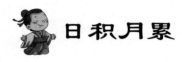

日积月累

东汉陈蕃（fán）扫屋

　　东汉有一个叫陈蕃的少年，自命不凡，一心只想干大事业。一天，他的朋友薛勤来访，见他屋里混乱不堪，便说："孺子何不洒扫以待宾客？"陈蕃回答道："大丈夫处世，当扫天下，安事一屋？"薛勤又反问道："一屋不扫，何以扫天下？"陈蕃无言以对，倍感惭愧。

诗歌赏析

雨铃铛

shā shā xiǎng　　shā shā xiǎng
沙　沙　响，　沙　沙　响，

chūn yǔ sǎ zài fáng yán shàng
春　雨　洒　在　房　檐　上。

fáng yán shàng　　guà shuǐ zhū
房　檐　上，　挂　水　珠，

hǎo xiàng chuàn chuàn xiǎo líng dang
好　像　串　串　小　铃　铛。

dīng ling dāng lāng　　dīng ling dāng lāng
丁　零　当　啷，　丁　零　当　啷，

tā zài zhāo hu xiǎo yàn zi
它　在　招　呼　小　燕　子，

kuài kuài huí lái gài xīn fáng
快　快　回　来　盖　新　房。

三字经

一年级（下）

第一单元　习

当我们呱呱坠地地来到这个世界，就开始用眼睛来观察，用耳朵去倾听，用我们的心去感受。随着时间的推移，每个人的性格会变得千差万别。为什么？这一切源自教育的神奇力量！

第1章　人之初

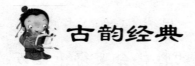
古韵经典

rén zhī chū　　xìng běn shàn
人之初，性本善。

xìng xiāng jìn　　xí xiāngyuǎn
性相近，习相远。

注释

初：初生，刚出生的时候。　　　　性：性情，本性。

本：根本，原来。　　　　　　　　习：后天的习惯。

远：相差太远。

日积月累

周处自新

晋朝时，有个名叫周处的人。他本性善良，但自小无人教导，他变得很残暴。村里人见了他，总是躲得很远。有一天，村里出现了一只恶虎，湖里出现了一只蛟龙。大家很害怕，甚至把老虎、蛟龙和周处合称为"三害"。

周处到山里一拳打死了老虎，又用了三天三夜消灭了蛟龙。村民以为他和蛟龙同归于尽了，便庆祝除去了"三害"。周处回村后，明白了自己竟是第三"害"。从此他改过自新，得到了大家的喜爱。

 诗歌赏析

春天怎么来

chūn tiān zěn me lái
春 天 怎 么 来 ？
huā kāi le
花 开 了 ，
chūn tiān jiù cóng huā duǒ lǐ pǎo chū lái
春 天 就 从 花 朵 里 跑 出 来 。
chūn tiān zěn me lái
春 天 怎 么 来 ？
cǎo lù le
草 绿 了 ，
chūn tiān jiù cóng lù sè lǐ tiào chū lái
春 天 就 从 绿 色 里 跳 出 来 。
chūn tiān zěn me lái
春 天 怎 么 来 ？
wǒ gāo xìng le
我 高 兴 了 ，
chūn tiān jiù cóng wǒ de xīn lǐ fēi chū lái
春 天 就 从 我 的 心 里 飞 出 来 。

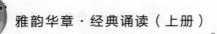
第2章　贵以专

 古韵经典

gǒu bù jiào　　xìng nǎi qiān
苟不教，性乃迁。

jiào zhī dào　　guì yǐ zhuān
教之道，贵以专。

注释

苟：如果、假如。　　　　　　乃：于是。

迁：变化。　　　　　　　　　道：方法、道理。

贵：注重、重视。　　　　　　以：在于。

专：专心致志。

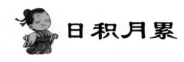 日积月累

年少唐伯虎碰壁知谦卑

　　唐伯虎小的时候在画画方面显示出了超人的才华。后来唐伯虎拜在了大画家沈周的门下，学习刻苦勤奋，很快掌握了绘画技艺，受到了沈周的称赞。沈周的称赞，使一向谦虚的唐伯虎渐渐地产生了自满的情绪，沈周看在眼中，记在心里。在一次吃饭时，沈周让唐伯虎去开窗户，唐伯虎发现自己手下的窗户竟是老师沈周的一幅画！唐伯虎非常惭愧，从此潜心学画。

 诗歌赏析

春 雨

dī dā，　　 dī dā，　　 xià yǔ la
滴 答，　　滴 答，　　下 雨 啦！

xiǎo cǎo shuō
小 草 说：

xià ba　　 xià ba　　 wǒ yào fā yá
下 吧，　　下 吧，　　我 要 发 芽。

lí shù shuō
梨 树 说：

xià ba　　 xià ba　　 wǒ yào kāi huā
下 吧，　　下 吧，　　我 要 开 花。

mài miáo shuō
麦 苗 说：

xià ba　　 xià ba　　 wǒ yào zhǎng dà
下 吧，　　下 吧，　　我 要 长 大。

dī dā，　　 dī dā，　　 xià yǔ la
滴 答，　　滴 答，　　下 雨 啦！

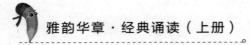

第 3 章　子不学

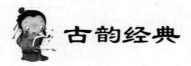
古韵经典

xī mèng mǔ　　zé lín chǔ
昔孟母，择邻处。

zǐ bù xué　　duàn jī zhù
子不学，断机杼。

注释

昔：从前。　　　　　　　　　　择：选择。

邻：邻居。　　　　　　　　　　处：相处。

机：指织布机。　　　　　　　　杼：牵纱的梭子。

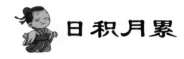 **日积月累**

孟母劝学

在孟子小的时候，有一天孟子逃学回来，孟母正在织布，她一气之下，剪破了一片织好的布，然后对孟子说："如今你随意逃学，就像我剪断这块布一样，前功尽弃。"从此，孟子便发奋读书，果然成为中国的大学问家。

 **诗歌赏析**

带 雨 的 花（节选）

wàng zhe yǔ tiān
望 着 雨 天 ，

wǒ xiǎng qǐ le
我 想 起 了

mā ma zuì xǐ huān dài yǔ de xiān huā
妈 妈 最 喜 欢 带 雨 的 鲜 花 。

wǒ zài yǔ zhōng
我 在 雨 中 ，

cǎi zhe yě huā
采 着 野 花 ，

cǎi le yì bǎ yòu yì bǎ
采 了 一 把 ， 又 一 把 。

wǒ duō me gāo xìng
我 多 么 高 兴 ，

yīn wèi wǒ néng sòng gěi mā ma
因 为 我 能 送 给 妈 妈

yí shù dài yǔ de xiān huā
一 束 带 雨 的 鲜 花 ！

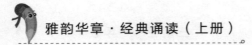
第4章 窦燕山

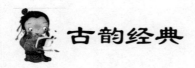

古韵经典

dòu yān shān　　yǒu yì fāng

窦燕山，有义方。

jiào wǔ zǐ　　míng jù yáng

教五子，名俱扬。

注释

窦燕山：五代后晋人，名禹钧。　　　　义方：好办法。

扬：显亲扬名。

日积月累

窦燕山五子登科

窦燕山，原名窦禹钧，因他居住在燕山，故称窦燕山。他三十岁以后修身养性，广做善事。他有五个儿子。自己重礼仪、德行好，且教子有方、家庭和睦。他的长子名仪，在后晋时中进士，入宋官至礼部尚书、翰林学士，是宋初一代名臣。次子名俨，也是后晋进士，历仕汉、周、宋初任礼部侍郎。三子名侃，为后汉进士，曾任宋起居郎。四子名偁，窦偁（chēng）为后汉进士，入宋任左谏议大夫。五子名僖，窦僖（xī）是后周进士，曾任宋左补阙。当时人们美称他们为"窦氏五龙"。

 ## 诗歌赏析

年 龄 的 问 题

爷爷的年龄，
写在脸上的皱纹里；
马儿的年龄，
嚼在嘴巴的牙齿里；
树木的年龄，
藏在肚子的年轮里。
老师！
那么池塘的年龄，
是不是画在一圈圈的涟漪里？

第二单元　书

　　"九层之台，起于累土；千里之行，始于足下。"这些都告诉我们，做任何事情都要打好基础。读书也是这样。古人在长期的读书过程中，形成了一套从《小学》到《四书》再到《六经》的相对固定的次序。这些典籍不仅是古代读书人的必读书目，更是中华文化生生不息的基础和源泉。

第 5 章 凡训蒙

 古韵经典

fán xùn méng   xū jiǎng jiū
凡 训 蒙 ， 须 讲 究 。

xiáng xùn gǔ   míng jù dòu
详 训 诂 ， 明 句 读 。

注释

训蒙：即启蒙，对儿童进行启蒙教育。　　　　　　　　　　　讲：讲解。

训诂：用当代话解释古书中词句的意义。

句读：古代称文辞停顿的地方为句或读。

日积月累

员外与管家

在唐朝有个吝啬员外，他请了一位新管家，并约定每日的伙食如下："无鸡鸭也可以无鱼肉也可以青菜万万不可少酒也不可"。员外立下这个条约时，并没有标点符号。一年后管家辞职，向员外要求补偿他的伙食费。员外理直气壮地拿出条约，而管家立即拿笔将它改为："无鸡，鸭也可以；无鱼，肉也可以；青菜万万不可，少酒也不可。"这下子，员外无话可说，只好赔钱。这故事充分说明了句读的重要性。

 **诗歌赏析**

太阳的话（节选）

dǎ kāi nǐ de chuāng zi ba
打 开 你 的 窗 子 吧 ，
dǎ kāi nǐ men de bǎn mén ba
打 开 你 们 的 板 门 吧 ，
ràng wǒ jìn qù ràng wǒ jìn qù
让 我 进 去 ， 让 我 进 去 ！
jìn dào nǐ men de xiǎo wū lǐ
进 到 你 们 的 小 屋 里 。

wǒ dài zhe jīn huáng de huā shù
我 带 着 金 黄 的 花 束 ，
wǒ dài zhe lín jiān de xiāng qì
我 带 着 林 间 的 香 气 ，
wǒ dài zhe liàng guāng hé wēn nuǎn
我 带 着 亮 光 和 温 暖 ，
wǒ dài zhe mǎn shēn de lù shuǐ
我 带 着 满 身 的 露 水 。

第6章 《孝经》通

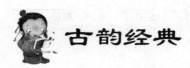
古韵经典

xiào jīng　tōng　　sì　shū　shú
《孝经》通，《四书》熟。

rú　liù jīng　　shǐ kě dú
如《六经》，始可读。

shī　　shū　　yì　　lǐ　　chūn qiū
《诗》《书》《易》，《礼》《春秋》。

hào　　liù jīng　　dāng jiǎng qiú
号《六经》，当讲求。

注释

孝经：儒家十三经之一，为孔门后学的著作。

六经：即《诗经》《尚书》《周易》《礼记》《春秋》《乐经》。

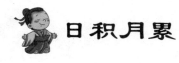 日积月累

《孝经》是讨论孝道的书。秦朝暴政下，百姓生活受尽苦难。刘邦就立下了一个拯救国家并让父母感到荣耀的志愿。刘邦带领军队南征北讨，终于成为中国第一个平民皇帝。当他回乡省亲时，父亲见到他立刻就要向他叩拜。刘邦不仅连忙阻止，还封父亲为太上皇。

 诗歌赏析

找梦

wǒ yí shuì jiào mèng jiù lái le
我 一 睡 觉 ， 梦 就 来 了 。
wǒ yì xǐng lái mèng jiù qù le
我 一 醒 来 ， 梦 就 去 了 。
mèng cóng nǎ lǐ lái
梦 从 哪 里 来 ？
yòu dào nǎ lǐ qù
又 到 哪 里 去 ？
wǒ duō me xiǎng zhī dào
我 多 么 想 知 道 ，
xiǎng bǎ tā men zhǎo dào
想 把 它 们 找 到 ！
zài zhěn tou lǐ ma wǒ kàn kan méi yǒu
在 枕 头 里 吗 ？ 我 看 看 —— 没 有 。
zài bèi wō zhōng ma wǒ kàn kan méi yǒu
在 被 窝 中 吗 ？ 我 看 看 —— 没 有 。
guān shàng mén yě hǎo guān shàng chuāng yě hǎo
关 上 门 也 好 ， 关 上 窗 也 好 ，
zhǐ yào yì hé yǎn mèng jiù yòu lái le
只 要 一 合 眼 ， 梦 就 又 来 了 。

第7章《诗》既亡

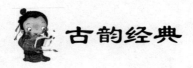 古韵经典

shī　jì wáng　　chūn qiū　zuò
《诗》既亡，《春秋》作。

yù bāo biǎn　　bié shàn è
寓褒贬，别善恶。

sān zhuàn zhě　　yǒu　　gōng yáng
三传者，有《公羊》。

yǒu　　zuǒ shì　　yǒu　　gǔ liáng
有《左氏》，有《穀梁》。

注释

传：解说经书的注释文字。

公羊：公羊高，作《春秋》传一册，称为《公羊传》。

左氏：左丘明，作《春秋》传一册，称为《左传》。

穀梁：穀梁赤，作《春秋》传一册，称为《穀梁传》。

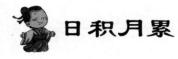
日积月累

　　《公羊》《左氏》《穀梁》这三传是用来解释《春秋》的，而《春秋》记载着当时国际间的大事。《春秋》所记录的事非常简洁，如"夏五月，郑伯克段于鄢。"这句话的意思，就是：夏天，郑庄公在鄢这个地方打败了弟弟共叔段。如果我们想了解这场战事的始末，就需要借助上述三传来说明。

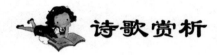
诗歌赏析

静 静 的 夜（节选）

xiǎo niǎo shuì zháo le
小 鸟 睡 着 了 ，

dà shù hái xǐng zhe
大 树 还 醒 着 ，

tā qīng qīng de yáo a yáo
它 轻 轻 地 摇 啊 摇 ，

yáo de niǎo bǎo bao mèng lǐ xiào
摇 得 鸟 宝 宝 梦 里 笑 。

yú er shuì zháo le
鱼 儿 睡 着 了 ，

xiǎo xī hái xǐng zhe
小 溪 还 醒 着 ，

tā dīng dōng dīng dōng chàng ya chàng
它 叮 咚 叮 咚 唱 呀 唱 ，

chàng zhe nà zhī gǔ lǎo de gē yáo
唱 着 那 支 古 老 的 歌 谣 。

第三单元　史

　　翻开历史的画卷，一幕幕惊心动魄的场景。远去了刀光剑影、荒芜了楼台宫阙。中华民族走过光辉灿烂的盛世，也经历过金戈铁马的纷争。走过漫漫长路，他依然迈着坚实的步伐昂然前行。

第8章　自羲农

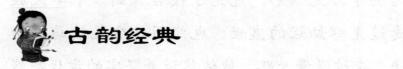古韵经典

zì xī nóng　　zhì huáng dì
自羲农，至黄帝。

hào sān huáng　　jū shàng shì
号三皇，居上世。

注释

羲农：羲氏和神农，是传说中的上古人物。

黄帝：传说中的中华民族的始祖。

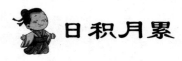 日积月累

　　自伏羲氏、神农氏到黄帝，这三位上古时代的帝王都能勤政爱民，非常伟大，因此后人尊称他们为"三皇"。

 诗歌赏析

眼泪

shuí xiǎng kū bí zi shuí kū qù ba
谁 想 哭 鼻 子 谁 哭 去 吧 ，
wǒ dào bù kū
我 倒 不 哭 。
nà wán yìr wǒ bù xǐ huān
那 玩 意 儿 我 不 喜 欢 。
wǒ hái wèi
我 还 为
ài kū bí zi de xiǎo péng you kě xī li
爱 哭 鼻 子 的 小 朋 友 可 惜 哩 ！
yīn wèi yàng zhe lèi shuǐ de yǎn
因 为 漾 着 泪 水 的 眼
kàn bú jiàn tài yáng
看 不 见 太 阳 ！

第9章　周武王

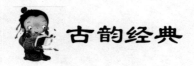 古韵经典

zhōu wǔ wáng　　shǐ zhū zhòu

周武王，始诛纣。

bā bǎi zǎi　　zuì cháng jiǔ

八百载，最长久。

注释

周武王：姓姬名发，文王之子。　　诛：诛杀。

纣：商纣王。　　载：年。

日积月累

姜太公钓鱼

商纣王暴虐，周文王决心推翻暴政。太公姜子牙受师父之命帮助周文王。但姜子牙觉得自己半百之龄，又和文王没有交情，很难获得文王的赏识。于是他在文王回都途中的河边，用没有鱼饵的直钩钓鱼。文王见状，觉得这是奇人，便主动跟他交谈，发现他是个有用之才，于是招入帐下。后来姜子牙帮助文王和他的儿子推翻商纣统治，建立了周朝。

 诗歌赏析

小鹿

huā de yǐng
花 的 影 ， 　 yè de yǐng
　 　 　 　 叶 的 影 ，

gěi nǐ pī yí jiàn bān lán de cǎi yī
给 你 披 一 件 斑 斓 的 彩 衣 。

nǐ zhàn zài nàr
你 站 在 那 儿 ，

hé wú biān de sēn lín róng hé zài yì qǐ
和 无 边 的 森 林 融 合 在 一 起 。

rán ér nǐ hái xiàng yì zhū fēi pǎo de xiǎo shù
然 而 你 还 像 一 株 飞 跑 的 小 树 ，

gāo áng zhe nǐ zhī zhī yā yā de jiǎo
高 昂 着 你 枝 枝 丫 丫 的 角 ，

shǎn jìn mì mì de dà sēn lín lǐ
闪 进 密 密 的 大 森 林 里 。

yì huìr hé zhè kē shù
一 会 儿 和 这 棵 树 ，

yì huìr hé nà kē shù
一 会 儿 和 那 棵 树 ，

jiāo tán zhe chūn tiān de xiāo xi
交 谈 着 春 天 的 消 息 。

第 10 章　魏蜀吴

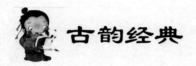 古韵经典

wèi shǔ wú　　zhēng hàn dǐng
魏蜀吴，争汉鼎。

hào sān guó　　qì liǎng jìn
号三国，迄两晋。

注释

魏：曹操的国号。　　　蜀：刘备的国号。

吴：孙权的国号。　　　鼎：传国的实物，象征王位。

迄：到。　　　　　　　两晋：西晋、东晋。

日积月累

三顾茅庐

在三国时代，魏蜀吴战争频繁。蜀国军力最弱，刘备得知诸葛亮是一位精于谋略的人才，便决定亲自去请他共谋国事。他第一次亲临诸葛亮的住处卧龙岗时，不巧诸葛亮正出门在外，刘备只好无功而返。刘备二度到访卧龙岗，还是没有见到诸葛亮。过了几天，他进行了第三次造访。当刘备到达时，诸葛亮正在午睡，于是刘备便在岗外静候。诸葛亮被刘备的诚意打动，最终同意共谋大事。这就是历史上有名的"三顾茅庐"。

 诗歌赏析

小鸟音符

xiǎo niǎo　　xiǎo niǎo
小　鸟，　小　鸟，
nǐ men wèi shén me
你　们　为　什　么
bú zuò zài gāo gāo de shù shāo
不　坐　在　高　高　的　树　梢？
xiǎo niǎo　　xiǎo niǎo
小　鸟，　小　鸟，
nǐ men wèi shén me
你　们　为　什　么
zài diàn xiàn shàng lái lái huí huí tiào yuè
在　电　线　上　来　来　回　回　跳　跃？
míng bai le　　míng bai le
明　白　了，　明　白　了，
nǐ men cuò bǎ diàn xiàn
你　们　错　把　电　线
dàng chéng wǔ xiàn pǔ le
当　成　五　线　谱　了。
xiǎo niǎo yīn fú
小　鸟　音　符，
hē yīn fú xiǎo niǎo
呵，音　符　小　鸟——
duō me měi lì de qǔ diào
多　么　美　丽　的　曲　调……

069

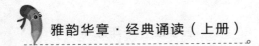

第 11 章　清太祖

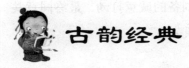

古韵经典

qīng tài zǔ　　yīng jǐng mìng
清太祖，膺景命。

jìng sì fāng　　kè dà dìng
靖四方，克大定。

注释

清太祖：即爱新觉罗努尔哈赤。　　膺：承受，接受。

景命：上天的命令。　　靖：平定，使秩序安定。

四方：指国土各地。　　克：能够，这里引申为完成。

定：平安，安定。

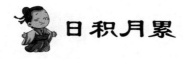

日积月累

努尔哈赤简介

清太祖爱新觉罗·努尔哈赤是清朝的奠基者，通满语和汉语，喜读《三国演义》。二十五岁时起兵统一女真各部，平定辽东部。明神宗万历四十四年，努尔哈赤在赫图阿拉称汗，建立后金，割据辽东，建元天命。萨尔浒之役后，迁都沈阳。之后席卷辽东，攻下明朝在辽七十余城。

诗歌赏析

朝代歌

xià shāng yǔ xī zhōu　　dōng zhōu fēn liǎng duàn
夏 商 与 西 周 ， 东 周 分 两 段 。

chūn qiū hé zhàn guó　　yì tǒng qín liǎng hàn
春 秋 和 战 国 ， 一 统 秦 两 汉 。

sān fēn wèi shǔ wú　　èr jìn qián hòu yán
三 分 魏 蜀 吴 ， 二 晋 前 后 沿 。

nán běi cháo bìng lì　　suí táng wǔ dài chuán
南 北 朝 并 立 ， 隋 唐 五 代 传 。

sòng yuán míng qīng hòu　　huáng cháo zhì cǐ wán
宋 元 明 清 后 ， 皇 朝 至 此 完 。

第四单元　勤

　　俗话说"活到老，学到老"。我们在成长的路上，一路披荆斩棘。路途虽然并不平坦，却也不能阻挡我们前进。我们一定要刻苦学习，不断地鼓励自己，不能停止学习的脚步。

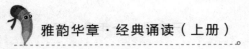
第 12 章　昔仲尼

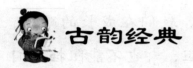

古韵经典

昔仲尼，师项橐。
古圣贤，尚勤学。

注释

仲尼：孔子，名丘，字仲尼，春秋时代鲁国人。

项橐：七岁，为孔子学琴老师。

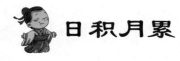 日积月累

孔子拜师项橐

一日孔子遇见一个名叫项橐的孩子，孔子问了一些难题，但是都被他巧妙地化解了。孔子觉得这孩子知识渊博，俯下身子对项橐和蔼地说："后生可畏，我当拜你为师。"并对弟子们讲："三人行必有我师矣。要不耻下问。"经孔子这一褒奖，项橐便名扬九州，震动朝野。

 诗歌赏析

小花的信念

zài shān shí zǔ chéng de lù shàng
在 山 石 组 成 的 路 上

fú qǐ yí piàn xiǎo huā
浮 起 一 片 小 花 ，

tā men yòng jīn huáng de wēi xiào
它 们 用 金 黄 的 微 笑 ，

lái huí bào shí tou de lěng yù
来 回 报 石 头 的 冷 遇 。

tā men xiāng xìn
它 们 相 信

shí tou yě huì fā yá
石 头 也 会 发 芽 ，

yě huì cū cāo de wēi xiào
也 会 粗 糙 地 微 笑 ，

lù chū shàn liáng de yá chǐ
露 出 善 良 的 牙 齿 。

第 13 章　披蒲编

古韵经典

pī pú biān　　xiāo zhú jiǎn
披蒲编，削竹简。

bǐ wú shū　　qiě zhī miǎn
彼无书，且知勉。

注释

披：披开。　　　　　　　　　　　　　蒲：草名，又叫草蒲。

竹简：用竹削成蒲片。

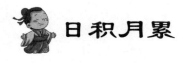
日积月累

编蒲抄书

西汉有位名叫路温舒的人，由于家里很穷，只能替别人放牛。有一次，他看着满地的蒲草，灵机一动，心想："何不利用蒲草编成本子，把向别人借来的书抄在上面，这样不就有书可读了吗？"于是，路温舒便利用这种方式学到了很多知识，成为当时有名的法律专家，在历史上留下了精彩的一笔。

诗歌赏析

几 种 树

yáng shù zhí tǐng jǐ zhàng gāo
杨 树 直 挺 几 丈 高 ，

liǔ shù dào guà xì zhī tiáo
柳 树 倒 挂 细 枝 条 。

yín xìng yè zi xiàng shàn zi
银 杏 叶 子 像 扇 子 ，

xiāng chūn yè zi xiàng yǔ máo
香 椿 叶 子 像 羽 毛 。

táo shù xìng shù kāi huā zǎo
桃 树 杏 树 开 花 早 ，

mǎ yīng kāi huā chūn xià jiāo
马 缨 开 花 春 夏 交 。

sōng shù bǎi shù cháng nián lǜ
松 树 柏 树 常 年 绿 ，

fēng yè qiū lái hóng yè piāo
枫 叶 秋 来 红 叶 飘 。

第 14 章　如囊萤

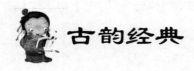

古韵经典

rú náng yíng　　rú yìng xuě
如囊萤，如映雪。

jiā suī pín　　xué bú chuò
家虽贫，学不辍。

注释

囊：装在袋子里。名词当动词用。

辍：中止、停顿。

日积月累

囊萤夜读

车胤从小勤奋好学，但家里特别穷困，甚至连灯油都买不起。他总因晚上不能读书而烦恼。一个夏夜，车胤发现萤火虫身上有一闪一闪的亮光。他找来一个用白纱制成的小口袋，一口气捉了几十只萤火虫放在口袋里。这么多虫子发出的光聚在一起，不就是一盏小小的灯了吗？车胤拿着这盏"灯"，高兴地进屋读书去了。就这样，车胤经历长年累月的苦读，终于成为晋代的名臣。

 **诗歌赏析**

花朵开放的声音

wǒ jiān xìn huā duǒ kāi fàng de shí hou
我 坚 信 花 朵 开 放 的 时 候 ，

yǒu shēng yīn
有 声 音 。

tā men chàng gē　　yǎn zòu yīn yuè
它 们 唱 歌 ， 演 奏 音 乐 ，

shèn zhì huān hū　　hǎn jiào
甚 至 欢 呼 、 喊 叫 。

mì fēng néng tīng jiàn
蜜 蜂 能 听 见 ，

hú dié néng tīng jiàn
蝴 蝶 能 听 见 ，

nà zhī qī xīng piáo chóng yě néng tīng jiàn
那 只 七 星 瓢 虫 也 能 听 见 。

wèi shén me wǒ què tīng bú jiàn
为 什 么 我 却 听 不 见 ？

wǒ zhāi xià de xiān huā
我 摘 下 的 鲜 花 ，

yǐ tíng zhǐ le kāi fàng
已 停 止 了 开 放 。

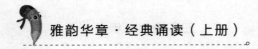

第15章 如负薪

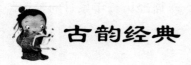

古韵经典

rú fù xīn　　rú guà jiǎo
如负薪，如挂角。

shēn suī láo　　yóu kǔ zhuó
身虽劳，犹苦卓。

注释

负：背。

负薪：汉朝的朱买臣，以砍柴维持生活，每天边担柴边读书。

挂角：传说隋代李密替人放牛，把一捆书挂在牛角上，一边走，一边读书。

 **日积月累**

挂角读书

李密在少年时发奋学习，上进心很强。他打听到缑（gōu）山有一位名士包恺，就前去向他求学。李密骑上一头牛出发了，牛背上铺着用蒲草编的垫子，牛角上挂着一部《汉书》。李密一边赶路一边读。越国公杨素骑着快马从后面赶上来，勒住马赞扬他："这么勤奋的书生真是少见啊！"李密回过头来，一见是越国公，赶紧从牛背上跳下来行礼。一老一少在路边交谈起来，李密谈吐不俗。果然，李密后来成了隋末农民起义队伍瓦岗军的首领。

 **诗歌赏析**

我来了

chūn tiān，yòng dì yī gè xiǎo nèn yá
春天，用第一个小嫩芽
shuō wǒ lái le
说：我来了。
xià tiān，yòng dì yī gè xiǎo huā lěi
夏天，用第一个小花蕾
shuō wǒ lái le
说：我来了。
qiū tiān，yòng dì yī zhāng piāo luò de yè
秋天，用第一张飘落的叶
shuō wǒ lái le
说：我来了。
dōng tiān，yòng dì yī duǒ jié bái de xuě huā
冬天，用第一朵洁白的雪花
shuō wǒ lái le
说：我来了。

第 16 章　尔幼学

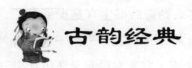 **古韵经典**

yíng bā suì　néng yǒng shī
莹八岁，能咏诗。

mì qī suì　néng fù qí
泌七岁，能赋棋。

bǐ yǐng wù　rén chēng qí
彼颖悟，人称奇。

ěr yòu xué　dāng xiào zhī
尔幼学，当效之。

注释

莹：祖莹，八岁能作诗。　　　　　　　　　　　　　　咏：吟唱。

泌：李泌，从小爱读书，七岁能作棋赋。

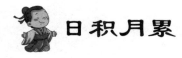

祖莹苦读

祖莹一直刻苦学习。他经常偷偷地藏木炭，赶走童仆，等到父母睡着之后，点燃木炭读书。他担心漏光被家里人发觉，便用他的衣服和被子遮盖窗户和门。因为这件事情，他的名声传得很广，家族内外的亲属都叫他"圣小儿"。后来他凭借着自己的才能成为太学学士。

藏在花被子里的春天

chūn tiān
春 天 ，

jiù xiàng lǎo lao féng de huā bèi zi
就 像 姥 姥 缝 的 花 被 子 。

shàng miàn shèng kāi zhe
上 面 盛 开 着

gè zhǒng gè yàng de huā
各 种 各 样 的 花 。

fěn de huáng de lán de bái de
粉 的 黄 的 蓝 的 白 的 ，

nuǎn nuǎn xiāng xiāng de yì chuáng chūn tiān
暖 暖 香 香 的 一 床 春 天 ，

cáng zhe lǎo lao duì mā ma de ài
藏 着 姥 姥 对 妈 妈 的 爱 。

千字文

二年级（上）

第一单元　千字文

　　《千字文》是由一千个不同的字组成的，由于汉字简化去掉异体字，目前还有990多个不同的字。但《千字文》绝不仅仅是一张生字表，而是一篇文理一脉相承、主题清晰、层层推进、语言优美的韵文。这是一幅理想的人生画卷，并承载了自然知识、社会百科、文字语言、历史文化、道德修养、人生哲理等广泛的内容。是一篇绝佳奇文。

第1章　天地玄黄

 古韵经典

tiān dì xuán huáng　　yǔ zhòu hóng huāng
天 地 玄 黄 ，　宇 宙 洪 荒 。

rì yuè yíng zè　　chén xiù liè zhāng
日 月 盈 昃 ，　辰 宿 列 张 。

hán lái shǔ wǎng　　qiū shōu dōng cáng
寒 来 暑 往 ，　秋 收 冬 藏 。

rùn yú chéng suì　　lǜ lǚ tiáo yáng
闰 余 成 岁 ，　律 吕 调 阳 。

yún téng zhì yǔ　　lù jié wéi shuāng
云 腾 致 雨 ，　露 结 为 霜 。

jīn shēng lì shuǐ　　yù chū kūn gāng
金 生 丽 水 ，　玉 出 昆 冈 。

jiàn hào jù què　　zhū chēng yè guāng
剑 号 巨 阙 ，　珠 称 夜 光 。

guǒ zhēn lǐ nài　　cài zhòng jiè jiāng
果 珍 李 奈 ，　菜 重 芥 姜 。

hǎi xián hé dàn　　lín qián yǔ xiáng
海 咸 河 淡 ，　鳞 潜 羽 翔 。

lóng shī huǒ dì　　niǎo guān rén huáng
龙 师 火 帝 ，　鸟 官 人 皇 。

shǐ zhì wén zì　　nǎi fú yī cháng
始 制 文 字 ，　乃 服 衣 裳 。

tuī wèi ràng guó　　yǒu yú táo táng
推 位 让 国 ，　有 虞 陶 唐 。

diào mín fá zuì　　zhōu fā yīn tāng
吊 民 伐 罪 ，　周 发 殷 汤 。

zuò cháo wèn dào　　chuí gǒng píng zhāng
坐 朝 问 道 ，　垂 拱 平 章 。

ài yù lí shǒu　　chén fú róng qiāng
爱 育 黎 首 ，　臣 伏 戎 羌 。

注释

盈：指日、月圆满。　　　　昃：指日、月方缺。

丽水：即丽江。　　　　　　昆冈：昆仑山。

平章：平指太平。章通"彰"，有彰明、显著、鲜明的意思。

日积月累

盘古开天辟地

很久很久以前，天和地还没有分开，宇宙一片混沌。有个叫盘古的巨人，在这混沌之中，一直睡了一万八千年。有一天，盘古突然醒了。他见周围一片漆黑，就抡起大斧头，朝眼前的黑暗猛劈过去。只听一声巨响，混沌一片的东西渐渐分开了。天和地分开以后，盘古怕它们还会合在一起，就用头顶着天，用脚使劲蹬着地。天每天升高一丈，盘古也随着越长越高。这样不知过了多少年，天和地逐渐地成形了，盘古也累得倒了下去。盘古倒下后，他的身体发生了巨大的变化。他呼出的气息，变成了四季的风和飘动的云；他发出的声音，化作了隆隆的雷声；他的双眼，

变成了太阳和月亮；他的四肢，变成了大地上的东、西、南、北四极；他的肌肤，变成了辽阔的大地；他的血液，变成了奔流不息的江河；他的汗水，变成了滋润万物的雨露。

 诗歌赏析

《繁星·一》作者：冰心

fán xīng shǎn shuò zhe
繁 星 闪 烁 着 ——
shēn lán de tài kōng
深 蓝 的 太 空 ，
hé céng tīng de jiàn tā men duì yǔ
何 曾 听 得 见 他 们 对 语 ？
chén mò zhōng
沉 默 中 ，
wēi guāng lǐ
微 光 里 ，
tā men shēn shēn de hù xiāng zàn sòng le
他 们 深 深 地 互 相 赞 颂 了

《繁星·二》作者：冰心

tóng nián hē
童 年 呵 !
shì mèng zhōng de zhēn
是 梦 中 的 真 ，
shì zhēn zhōng de mèng
是 真 中 的 梦 ，
shì huí yì shí hán lèi de wēi xiào
是 回 忆 时 含 泪 的 微 笑 。

第2章　遐迩一体

 古韵经典

xiá ěr yì tǐ
遐迩一体，

shuài bīn guī wáng
率宾归王。

míng fèng zài zhú
鸣凤在竹，

bái jū shí chǎng
白驹食场。

huà pī cǎo mù
化被草木，

lài jí wàn fāng
赖及万方。

gài cǐ shēn fā
盖此身发，

sì dà wǔ cháng
四大五常。

gōng wéi jū yǎng
恭惟鞠养，

qǐ gǎn huǐ shāng
岂敢毁伤。

nǚ mù zhēn jié
女慕贞洁，

nán xiào cái liáng
男效才良。

zhī guò bì gǎi
知过必改，

dé néng mò wàng
得能莫忘。

wǎng tán bǐ duǎn　　mí shì jǐ cháng
罔 谈 彼 短 ，　靡 恃 己 长 。

xìn shǐ kě fù　　qì yù nán liáng
信 使 可 覆 ，　器 欲 难 量 。

mò bēi sī rǎn　　shī zàn gāo yáng
墨 悲 丝 染 ，　诗 赞 羔 羊 。

jǐng xíng wéi xián　　kè niàn zuò shèng
景 行 维 贤 ，　克 念 作 圣 。

dé jiàn míng lì　　xíng duān biǎo zhèng
德 建 名 立 ，　形 端 表 正 。

kōng gǔ chuán shēng　　xū táng xí tīng
空 谷 传 声 ，　虚 堂 习 听 。

huò yīn è jī　　fú yuán shàn qìng
祸 因 恶 积 ，　福 缘 善 庆 。

chǐ bì fēi bǎo　　cùn yīn shì jìng
尺 璧 非 宝 ，　寸 阴 是 竞 。

注释

退迩：指远近。

鞠养：抚养，养育。

习：长期反复地做，逐渐养成的不自觉的活动。

庆：赏赐，回报。

率宾：全部归顺。

罔：无，不，没有。

日积月累

仓颉（jié）造字

传说仓颉创造了文字。仓颉在野外的泥地上看到了鸟的足迹，它们有直有斜有交叉，富有变化，而且每个线条都那么均匀、那么优美。于是他模仿鸟的足迹创造了字的笔画。这是造字的开始。后来，他又根据龟纹、虫蛇、黍稷（jì）、山川、草木等的形状或动态，创造了文字。

当仓颉把造的字写给人们看时，大家高兴极了，七嘴八舌地议论着，说这个字躯干弯曲，末梢放纵，那个字两边修长，躯干矮短；这个字外部轻灵，内部紧凑，那个字不方不圆，若行若飞；这个字如龙蛇盘绕，那个字似鹰隼（sǔn）雄立……还有的人评论说，远看这些字，有如鸿鹄群游，迂回绵延；近看这些字，好像排兵布阵，井然有序。

就这样，人类最早的文字之一——汉字诞生了。

诗歌赏析

《繁星·三》作者：冰心

wàn qǐng de chàn dòng
万 顷 的 颤 动 ——
shēn hēi de dǎo biān
深 黑 的 岛 边 ！
yuè ér shàng lái le
月 儿 上 来 了
shēng zhī yuán
生 之 源 ！
sǐ zhī suǒ
死 之 所 ！

《繁星·四》作者：冰心

xiǎo dì di hē
小 弟 弟 呵 ！
wǒ líng hún zhōng sān kē guāng míng xǐ lè
我 灵 魂 中 三 颗 光 明 喜 乐
de xīng
的 星 ，
wēn róu de
温 柔 的
wú kě yán shuō de
无 可 言 说 的
líng hún shēn chù de hái zǐ hē
灵 魂 深 处 的 孩 子 呵 ！

第3章　资父事君

古韵经典

zī fù shì jūn，yuē yán yǔ jìng。
资父事君，曰严与敬。

xiào dāng jié lì，zhōng zé jìn mìng。
孝当竭力，忠则尽命。

lín shēn lǚ bó，sù xīng wēn qìng。
临深履薄，夙兴温清。

sì lán sī xīn，rú sōng zhī shèng。
似兰斯馨，如松之盛。

chuān liú bù xī，yuān chéng qǔ yìng。
川流不息，渊澄取映。

róng zhǐ ruò sī，yán cí ān dìng。
容止若思，言辞安定。

dǔ chū chéng měi，shèn zhōng yí lìng。
笃初诚美，慎终宜令。

róng yè suǒ jī jí shèn wú jìng
荣 业 所 基， 籍 甚 无 竟。

xué yōu dēng shì shè zhí cóng zhèng
学 优 登 仕， 摄 职 从 政。

cún yǐ gān táng qù ér yì yǒng
存 以 甘 棠， 去 而 益 咏。

yuè shū guì jiàn lǐ bié zūn bēi
乐 殊 贵 贱， 礼 别 尊 卑。

shàng hé xià mù fū chàng fù suí
上 和 下 睦， 夫 唱 妇 随。

wài shòu fù xùn rù fèng mǔ yí
外 受 傅 训， 入 奉 母 仪。

zhū gū bó shū yóu zǐ bǐ ér
诸 姑 伯 叔， 犹 子 比 儿。

kǒng huái xiōng dì tóng qì lián zhī
孔 怀 兄 弟， 同 气 连 枝。

注释

事：侍奉。　　　　　凤兴："凤兴夜寐"之略。凤，早。

笃：忠实，诚信。　　　籍：做衬垫的东西，凭借。

摄：代理。　　　　　甘棠：木名，即棠梨。

日积月累

甘棠

传说，召公每次去民间巡查，都爱在农田附近办理政务。当地的官员命令老百姓空出房子以供召公休息，并且给召公煮饭，召公总是当即劝止，他说："不劳（我）一身，而劳百姓，不是仁政。"一次，召公看到附近的山野中生着一颗棠梨树，便坐到树下休息。他从树上采食棠梨果子止渴，满意地赞道："这株甘棠树太好了，绿荫遮日，果实又香甜美味，农民干农活疲惫了，刚好可以休息和止渴，所以应该好好地珍惜这株树，莫要砍掉它当柴木烧掉。"召公坐在棠梨树下，处理民间纠纷，他执法如山，努力做到民无冤情，他所管辖的区域政治清明，经济发达，百姓其乐融融，这就是成语"甘棠遗爱"的来历。后世人们集体捐款，在陕县城中修建了一座召公祠，祠堂的院中便栽着甘棠树，人们还编成歌谣世代流传。

诗歌赏析

《繁星·五》作者：冰心

hēi àn
黑 暗 ，
zěn yàng yōu shēn de miáo huà ne
怎 样 幽 深 的 描 画 呢 ！
xīn líng de shēn shēn chù
心 灵 的 深 深 处 ，
yǔ zhòu de shēn shēn chù
宇 宙 的 深 深 处 ，
càn làn guāng zhōng de xiū xi chù
灿 烂 光 中 的 休 息 处 。

《繁星·六》作者：冰心

jìng zi
镜 子 ——
duì miàn zhào zhe
对 面 照 着 ，
fǎn miàn jué de bú zì rán
反 面 觉 得 不 自 然 ，
bù rú fān zhuǎn guò qù hǎo
不 如 翻 转 过 去 好 。

第4章 交友投分

古韵经典

jiāo yǒu tóu fēn　qiè mó zhēn guī
交 友 投 分 ， 切 磨 箴 规 。

rén cí yǐn cè　zào cì fú lí
仁 慈 隐 恻 ， 造 次 弗 离 。

jié yì lián tuì　diān pèi fěi kuī
节 义 廉 退 ， 颠 沛 匪 亏 。

xìng jìng qíng yì　xīn dòng shén pí
性 静 情 逸 ， 心 动 神 疲 。

shǒu zhēn zhì mǎn　zhú wù yì yí
守 真 志 满 ， 逐 物 意 移 。

jiān chí yǎ cāo　hǎo jué zì mí
坚 持 雅 操 ， 好 爵 自 縻 。

dū yì huá xià　dōng xī èr jīng
都 邑 华 夏 ， 东 西 二 京 。

bèi máng miàn luò　　fú wèi jù jīng
背邙面洛　，　浮渭据泾　。

gōng diàn pán yù　　lóu guān fēi jīng
宫殿盘郁　，　楼观飞惊　。

tú xiě qín shòu　　huà cǎi xiān líng
图写禽兽　，　画彩仙灵　。

bǐng shè páng qǐ　　jiǎ zhàng duì yíng
丙舍旁启　，　甲帐对楹　。

sì yán shè xí　　gǔ sè chuī shēng
肆筵设席　，　鼓瑟吹笙　。

shēng jiē nà bì　　biàn zhuǎn yí xīng
升阶纳陛　，　弁转疑星　。

yòu tōng guǎng nèi　　zuǒ dá chéng míng
右通广内　，　左达承明　。

jì jí fén diǎn　　yì jù qún yīng
既集坟典　，　亦聚群英　。

注释

箴：劝诫、劝勉。

颠沛：跌倒，比喻外境窘迫困顿。

縻：牵系，拴住，系住。

隐恻：恻隐，怜悯、同情。

匪：非，不是。

邑：国都，京城。

日积月累

壁经

汉武帝时，鲁恭王扩建花园，损坏了孔家的旧宅，从倒塌的墙壁里发现了很多书，有《尚书》《孝经》等。这是怎么回事呢？这还得从秦始皇"焚书坑儒"说起。秦始皇要烧掉儒家著作的消息传到了孔子的家乡，孔子的后人非常焦急："这可怎么办？这些著作是不能失传的呀！"这时，有人想出了一个办法，他在屋里砌了一道墙，把书藏在墙里。就这样，很多儒家著作得到了保存。这些藏在墙壁里的儒家著作，就被称为"壁经"。

诗歌赏析

《繁星·七》作者：冰心

xǐng zhe de
醒 着 的，
zhǐ yǒu gū fèn de rén bà
只 有 孤 愤 的 人 罢！
tīng shēng shēng suàn mìng de luó ér
听 声 声 算 命 的 锣 儿，
qiāo pò shì rén de mìng yùn
敲 破 世 人 的 命 运 。

《繁星·八》作者：冰心

cán huā zhuì zài fán zhī shàng
残 花 缀 在 繁 枝 上；
niǎo ér fēi qù le
鸟 儿 飞 去 了，
sǎ de luò hóng mǎn dì
撒 得 落 红 满 地 ——
shēng mìng yě shì zhè bān de yì piē me
生 命 也 是 这 般 的 一 瞥 么？

第二单元 千字文

第 5 章　杜稿钟隶

古韵经典

杜稿钟隶，漆书壁经。

府罗将相，路侠槐卿。

户封八县，家给千兵。

高冠陪辇，驱毂振缨。

世禄侈富，车驾肥轻。

策功茂实，勒碑刻铭。

磻溪伊尹，佐时阿衡。

yǎn zhái qū fù　　wēi dàn shú yíng
奄 宅 曲 阜， 微 旦 孰 营。

huán gōng kuāng hé　　jì ruò fú qīng
桓 公 匡 合， 济 弱 扶 倾。

qǐ huí hàn huì　　yuè gǎn wǔ dīng
绮 回 汉 惠， 说 感 武 丁。

jùn yì mì wù　　duō shì shí níng
俊 乂 密 勿， 多 士 寔 宁。

jìn chǔ gēng bà　　zhào wèi kùn héng
晋 楚 更 霸， 赵 魏 困 横。

jiǎ tú miè guó　　jiàn tǔ huì méng
假 途 灭 虢， 践 土 会 盟。

hé zūn yuē fǎ　　hán bì fán xíng
何 遵 约 法， 韩 弊 烦 刑。

qǐ jiǎn pō mù　　yòng jūn zuì jīng
起 翦 颇 牧， 用 军 最 精。

xuān wēi shā mò　　chí yù dān qīng
宣 威 沙 漠， 驰 誉 丹 青。

jiǔ zhōu yǔ jì　　bǎi jùn qín bìng
九 州 禹 迹， 百 郡 秦 并。

注释

辇：古时用人拉或推的车。　　　毂：泛指车。

乂：治理，安定。　　　　　　　弊：作法自毙。

丹青：绘画的颜料。

日积月累

约法三章

公元前206年，刘邦率领大军攻入关中，进咸阳后，本想住在豪华的王宫里，但他的心腹樊哙和张良告诫他别这样做，免得失掉人心。

刘邦接受他们的意见，下令封闭王宫。并留下少数士兵，保护王宫和藏有大量财宝的库房，随即还军霸上。为了取得民心，刘邦把关中各县父老、豪杰召集起来。郑重地向他们约法三章。接着，刘邦又派出大批人员，到各县各乡去宣传约法三章。百姓们听了，都热烈拥护，纷纷取了牛羊酒食来慰劳刘邦的军队。由于坚决执行约法三章，刘邦得到了百姓的信任和支持，最后取得天下。

《繁星·九》作者：冰心

梦儿是最瞒不过的呵！
清清楚楚的，
诚诚实实的，
告诉了
你自己灵魂里的密意和隐忧。

《繁星·十》作者：冰心

嫩绿的芽儿，和青年说：
"发展你自己！"
淡白的花儿，和青年说：
"贡献你自己！"
深红的果儿，和青年说：
"牺牲你自己！"

第6章　岳宗泰岱

 古韵经典

yuè zōng tài dài　　chán zhǔ yún tíng
岳 宗 泰 岱 ，　禅 主 云 亭 。

yàn mén zǐ sài　　jī tián chì chéng
雁 门 紫 塞 ，　鸡 田 赤 诚 。

kūn chí jié shí　　jù yě dòng tíng
昆 池 碣 石 ，　钜 野 洞 庭 。

kuàng yuǎn mián miǎo　　yán xiù yǎo míng
旷 远 绵 邈 ，　岩 岫 杳 冥 。

zhì běn yú nóng　　wù zī jià sè
治 本 于 农 ，　务 兹 稼 穑 。

chù zài nán mǔ　　wǒ yì shǔ jì
俶 载 南 亩 ，　我 艺 黍 稷 。

shuì shú gòng xīn　　quàn shǎng chù zhì
税 熟 贡 新 ，　劝 赏 黜 陟 。

mèng kē dūn sù　　shǐ yú bǐng zhí
孟 轲 敦 素 ，　史 鱼 秉 直 。

shù jī zhōng yōng
庶 几 中 庸，

láo qiān jǐn chì
劳 谦 谨 敕。

líng yīn chá lǐ
聆 音 察 理，

jiàn mào biàn sè
鉴 貌 辨 色。

yí jué jiā yóu
贻 厥 嘉 猷，

miǎn qí zhī zhí
勉 其 祇 植。

shěng gōng jī jiè
省 躬 讥 诫，

chǒng zēng kàng jí
宠 增 抗 极。

dài rǔ jìn chǐ
殆 辱 近 耻，

lín gāo xìng jí
林 皋 幸 即。

liǎng shū jiàn jī
两 疏 见 机，

jiě zǔ shuí bī
解 组 谁 逼。

suǒ jū xián chù
索 居 闲 处，

chén mò jì liáo
沉 默 寂 寥。

qiú gǔ xún lùn
求 古 寻 论，

sàn lù xiāo yáo
散 虑 逍 遥。

xīn zòu lěi qiǎn
欣 奏 累 遣，

qī xiè huān zhāo
戚 谢 欢 招。

注释

绵邈：连绵遥远的样子。

稼穑：种植和收割。

俶：开始。

载：从事。

黜：贬职，罢免。

陟：晋升、奖励。

贻：遗留。

猷：计划、谋划。

祇：恭敬。

皋：水边的高地。

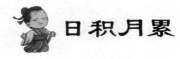

籍田礼

立春时节，阳和起蛰，万物皆春。先祖们认为是"斗柄东指"的结果，必须用一种盛大的仪式庆祝和迎接。于是，声势浩大的"籍田礼"和"迎春"活动应运而生。

所谓"籍田"，指的是天子躬耕过的田地，可视为皇帝亲自耕田的象征性行为。用现在的话说，就是古代中国最高统治者的一次"犁田秀"。既含传统祈祷新的一年风调雨顺的意味，也表达了皇帝对农业生产的高度重视。

诗歌赏析

《繁星·十一》作者：冰心

wú xiàn de shén mì
无 限 的 神 秘 ，
hé chù xún tā
何 处 寻 他 ？
wēi xiào zhī hòu
微 笑 之 后 ，
yán yǔ zhī qián
言 语 之 前 ，
biàn shì wú xiàn de shén mì le
便 是 无 限 的 神 秘 了 。

《繁星·十二》作者：冰心

rén lèi hē
人 类 呵 ！
xiāng ài bà
相 爱 罢 ，
wǒ men dōu shì cháng xíng de lǚ kè
我 们 都 是 长 行 的 旅 客 ，
xiàng zhe tóng yī de guī sù
向 着 同 一 的 归 宿 。

第 7 章　渠荷的历

 古韵经典

qú hé dé lì　　yuán mǎng chōu tiáo
渠 荷 的 历 ，　园 莽 抽 条 。

pí pa wǎn cuì　　wú tóng zǎo diāo
枇 杷 晚 翠 ，　梧 桐 蚤 凋 。

chén gēn wěi yì　　luò yè piāo yáo
陈 根 委 翳 ，　落 叶 飘 摇 。

yóu kūn dú yùn　　líng mó jiàng xiāo
游 鹍 独 运 ，　凌 摩 绛 霄 。

dān dú wán shì　　yù mù náng xiāng
耽 读 玩 市 ，　寓 目 囊 箱 。

yì yóu yōu wèi　　zhǔ ěr yuán qiáng
易 輶 攸 畏 ，　属 耳 垣 墙 。

jù shàn cān fàn　　shì kǒu chōng cháng
具 膳 餐 饭 ，　适 口 充 肠 。

bǎo yù pēng zǎi　jī yàn zāo kāng
饱饫烹宰，饥厌糟糠。

qīn qi gù jiù　lǎo shào yì liáng
亲戚故旧，老少异粮。

qiè yù jì fǎng　shì jīn wéi fáng
妾御绩纺，侍巾帷房。

wán shàn yuán jié　yín zhú wěi huáng
纨扇圆絜，银烛炜煌。

zhòu mián xī mèi　lán sǔn xiàng chuáng
昼眠夕寐，蓝笋象床。

xián gē jiǔ yàn　jiē bēi jǔ shāng
弦歌酒宴，接杯举觞。

jiǎo shǒu dùn zú　yuè yù qiě kāng
矫手顿足，悦豫且康。

dí hòu sì xù　jì sì zhēng cháng
嫡后嗣续，祭祀烝尝。

注释

的历：光彩烂灼的样子。　　蚤：通"早"，指月初或早晨。

翳：遮蔽，掩盖。

囊：口袋。

垣：矮墙，也泛指墙。

日积月累

焦尾琴

　　蔡邕（yōng）是东汉灵帝时的大臣，他为人正直，敢于直言相谏。后来，蔡邕受到一些宦官的诬陷，他自知危险即将临近，于是打点行装，逃离了京城，来到吴地隐居起来。有一天，蔡邕仍旧坐在房中抚琴长叹，女房东在隔壁烧火做饭。忽然，隔壁传来一阵清脆的爆裂声，蔡邕不由得心中一惊，抬头竖起耳朵细细听了几秒钟，大叫一声"不好"，跳起来就往灶间跑。

　　来到炉火边，蔡邕也不顾火势多大，伸手就将一段已经塞进灶膛的桐木拽了出来。见到这段烧焦的桐木时，蔡邕惊喜地在桐木上又吹又摸。好在抢救及时，桐木还很完整，蔡邕就将它收了下来，然后精雕细刻，一丝不苟，费尽心血，终于将这块桐木做成了一张琴。这张琴弹奏起来，音色美妙绝伦，举世也找不出第二张来。后来，这把琴流传下来，成了一件罕有的珍品，被称为"焦尾琴"。

 诗歌赏析

《繁星·十三》作者：冰心

yì jiǎo de chéng qiáng
一 角 的 城 墙 ，
wèi lán de tiān
蔚 蓝 的 天 ，
jí mù de cāng máng wú jì
极 目 的 苍 茫 无 际 ——
jí cǐ biàn shì tiān shàng　　rén jiān
即 此 便 是 天 上 —— 人 间

《繁星·十四》作者：冰心

wǒ men dōu shì zì rán de yīng ér
我 们 都 是 自 然 的 婴 儿 ，
wò zài yǔ zhòu de yáo lán lǐ
卧 在 宇 宙 的 摇 篮 里 。

《繁星·十五》作者：冰心

xiǎo hái zi　　nǐ kě yǐ jìn wǒ de yuán
小 孩 子 ！你 可 以 进 我 的 园 ，
nǐ bú yào zhāi wǒ de huā
你 不 要 摘 我 的 花 ——
kàn méi guī de cì ér　　cì shāng le nǐ de shǒu
看 玫 瑰 的 刺 儿 ， 刺 伤 了 你 的 手 。
shàn lǐ jiě　　lè zhù rén
善 理 解 ， 乐 助 人 。

第8章　稽颡再拜

 古韵经典

qǐ sǎng zài bài　sǒng jù kǒng huáng
稽　颡　再　拜　，　悚　惧　恐　惶　。

jiān dié jiǎn yào　gù dá shěn xiáng
笺　牒　简　要　，　顾　答　审　详　。

hái gòu xiǎng yù　zhí rè yuàn liáng
骸　垢　想　浴　，　执　热　愿　凉　。

lú luó dú tè　hài yuè chāo xiāng
驴　骡　犊　特　，　骇　跃　超　骧　。

zhū zhǎn zéi dào　bǔ huò pàn wáng
诛　斩　贼　盗　，　捕　获　叛　亡　。

bù shè liáo wán　jī qín ruǎn xiào
布　射　僚　丸　，　嵇　琴　阮　啸　。

tián bǐ lún zhǐ　jūn qiǎo rén diào
恬　笔　伦　纸　，　钧　巧　任　钓　。

shì fēn lì sú　　bìng jiē jiā miào
释 纷 利 俗 ， 并 皆 佳 妙 。

máo shī shū zī　　gōng pín yán xiào
毛 施 淑 姿 ， 工 颦 妍 笑 。

nián shǐ měi cuī　　xī huī lǎng yào
年 矢 每 催 ， 曦 晖 朗 曜 。

xuán jī xuán wò　　huì pò huán zhào
璇 玑 悬 斡 ， 晦 魄 环 照 。

zhǐ xīn xiū hù　　yǒng suí jí shào
指 薪 修 祜 ， 永 绥 吉 劭 。

jǔ bù yǐn lǐng　　fǔ yǎng láng miào
矩 步 引 领 ， 俯 仰 廊 庙 。

shù dài jīn zhuāng　　pái huái zhān tiào
束 带 矜 庄 ， 徘 徊 瞻 眺 。

gū lòu guǎ wén　　yú méng děng qiào
孤 陋 寡 闻 ， 愚 蒙 等 诮 。

wèi yǔ zhù zhě　　yān zāi hū yě
谓 语 助 者 ， 焉 哉 乎 也 。

注释

箋：文书、书信。　　骸：身体。

骡：骡子。　　犊：小牛，泛指牛。

诛：杀死，铲除。　　矢：箭。

矜：自夸、自恃。　　诮：讥讽、嘲讽。

日积月累

魁星

相传古时候有个秀才叫魁星。他才高八斗，却奇丑无比，还是个瘸 (qué) 子。有一年，他参加殿试，皇上被他的长相吓了一跳，劈头就问："你这麻脸是怎么了？"魁星从容地说："麻面映天象，捧摘星斗。"皇上又问道："你这腿怎么瘸了呢？"魁星回答说："一脚跳龙门，独占鳌 (áo) 头。"最后，皇上问道："那你说如今天下谁的文章最好啊？"魁星随口就说："天下文章属吾县，吾县文章属吾乡，吾乡文章属舍弟，舍弟请我改文章。"皇上不禁拍案叫绝，钦点他为状元。后来，魁星升天成了仙，化为北斗七星的前四颗星，分别叫天枢、天璇、天玑、天权，合起来叫"魁星"。

 诗歌赏析

《繁星·十六》作者：冰心

qīng nián rén hē
青 年 人 呵 ！
wèi zhe hòu lái de huí yì
为 着 后 来 的 回 忆 ，
xiǎo xīn zhuó yì de miáo nǐ xiàn zài de tú huà
小 心 着 意 的 描 你 现 在 的 图 画 。

《繁星·十七》作者：冰心

wǒ de péng you
我 的 朋 友 ！
wèi shén me shuō wǒ mò mò ne
为 什 么 说 我 “ 默 默 ” 呢 ？
shì jiān yuán yǒu xiē zuò wéi
世 间 原 有 些 作 为 ，
chāo hū yǔ yán wén zì yǐ wài
超 乎 语 言 文 字 以 外 。

《繁星·十八》作者：冰心

wén xué jiā hē
文 学 家 呵 ！
zhuó yì de sǎ xià nǐ de zhǒng zi qù
着 意 的 撒 下 你 的 种 子 去 ，
suí shí suí dì yào fā xiàn nǐ de guǒ shí
随 时 随 地 要 发 现 你 的 果 实 。

第三单元　声韵启蒙

第1章 一东

 古韵经典

yún duì yǔ　xuě duì fēng　wǎn zhào duì qíng kōng　lái
云对雨，雪对风，晚照对晴空。来

hóng duì qù yàn　sù niǎo duì míng chóng　sān chǐ jiàn　liù
鸿对去燕，宿鸟对鸣虫。三尺剑，六

jūn gōng　lǐng běi duì jiāng dōng　rén jiān qīng shǔ diàn　tiān
钧弓，岭北对江东。人间清暑殿，天

shàng guǎng hán gōng　liǎng àn xiǎo yān yáng liǔ lù　yì yuán
上广寒宫。两岸晓烟杨柳绿，一园

chūn yǔ xìng huā hóng　liǎng bìn fēng shuāng　tú cì zǎo xíng zhī
春雨杏花红。两鬓风霜，途次早行之

kè　yì suō yān yǔ　xī biān wǎn diào zhī wēng
客；一蓑烟雨，溪边晚钓之翁。

注释

清暑殿：《洛阳宫殿簿》内有清暑殿的记载。

广寒宫：《明皇杂录》中记载，明皇与申天师中秋夜游月宫,见榜曰广寒清虚
之府。

沿对革，异对同，白叟对黄童。江风对海雾，牧子对渔翁。颜巷陋，阮途穷，冀北对辽东。池中濯足水，门外打头风。梁帝讲经同泰寺，汉皇置酒未央宫。尘虑萦心，懒抚七弦绿绮；霜华满鬓，羞看百炼青铜。

注释

绿绮：司马相如的琴名。

青铜：青铜镜。

贫对富，塞对通，野叟对溪童。鬓皤对眉绿，齿皓对唇红。天浩浩，日融融，佩剑对弯弓。半溪流水绿，千树落花红。野渡燕穿杨柳雨，芳池鱼戏芰荷风。女子眉纤，额下现一弯新月；男儿气壮，胸中吐万丈长虹。

注释

皤：白色。　　　　　　　　芰：音忌。菱角的一种，两角为菱，四角为芰。

长虹：雨气。此外以长虹比喻男儿的豪气。

 日积月累

嫦娥奔月

传说古代天空中有十个太阳同时出来，大地被烤成焦土。后羿为民除害射掉了九个太阳，西天的王母娘娘奖赏他长生不老的仙药。他的妻子嫦娥趁后羿不注意时偷吃了这些药，突然她飞向天宫，王母娘娘惩罚她，让她在广寒宫里度过，但高处不胜寒，嫦娥向丈夫倾诉懊悔后，说："明天乃月圆之时。你用面粉作丸，团团如圆月形状，放在屋子的西北方向，然后再连续呼唤我的名字。三更时分，我就可以回家了。"翌日，后羿照妻子的吩咐去做，届时嫦娥果然由月中飞回来，夫妻重聚。

诗歌赏析

《繁星·十九》作者：冰心

wǒ de xīn
我 的 心 ，

gū zhōu shì de
孤 舟 似 的 ，

chuān guò le qǐ fú bú dìng de shí jiān de hǎi
穿 过 了 起 伏 不 定 的 时 间 的 海 。

《繁星·二十》作者：冰心

xìng fú de huā zhī
幸 福 的 花 枝 ，

zài mìng yùn de shén de shǒu lǐ
在 命 运 的 神 的 手 里 ，

xún mì zhe yào fù yǔ wán quán de rén
寻 觅 着 要 付 与 完 全 的 人 。

古韵经典

chūn duì xià　　qiū duì dōng　　mù gǔ duì chén zhōng
春对夏，秋对冬，暮鼓对晨钟。

guān shān duì wán shuǐ　　lǜ zhú duì cāng sōng　　féng fù hǔ
观山对玩水，绿竹对苍松。冯妇虎，

shè gōng lóng　　wǔ dié duì míng qióng　　xián ní shuāng zǐ yàn
叶公龙，舞蝶对鸣蛩。衔泥双紫燕，

kè mì jǐ huáng fēng　　chūn rì yuán zhōng yīng qià qià　　qiū
课蜜几黄蜂。春日园中莺恰恰，秋

tiān sài wài yàn yōng yōng　　qín lǐng yún héng　　tiáo dì bā qiān
天塞外雁雍雍。秦岭云横，迢递八千

yuǎn lù　　wū shān yǔ xǐ　　cuó é shí èr wēi fēng
远路；巫山雨洗，嵯峨十二危峰。

注释

蛩：音穷。古书中指蟋蟀。　　　　　迢递：遥远。嵯峨：山高的样子。

míng duì àn　　dàn duì nóng　　shàng zhì duì zhōng yōng
明对暗，淡对浓，上智对中庸。

jìng lián duì yī sì　　yě chǔ duì cūn chōng　　huā zhuó shuò　　cǎo
镜奁对衣笥，野杵对村舂。花灼烁，草

méng róng，jiǔ xià duì sān dōng。tái gāo míng xì mǎ，zhāi
蒙　茸，九　夏　对　三　冬。台　高　名　戏　马，斋

xiǎo hào pán lóng　shǒu bò xiè áo cóng bì zhuó　shēn pī hè
小　号　蟠　龙。手　擘　蟹　螯　从　毕　卓，身　披　鹤

chǎng zì wáng gōng　wǔ lǎo fēng gāo　xiù chā yún xiāo rú yù
氅　自　王　恭。五　老　峰　高，秀　插　云　霄　如　玉

bǐ　sān gū shí dà　xiǎng chuán fēng yǔ ruò jīn yōng
笔；三　姑　石　大，响　传　风　雨　若　金　镛。

注释

奁：古代妇女梳妆的镜匣。　　　　　　　笥：衣箱。

杵：舂米或捶衣用的木棒。　　　　　　　灼烁：鲜明、光彩的样子。

rén duì yì，ràng duì gōng　yǔ shùn duì xī nóng　xuě
仁　对　义，让　对　恭，禹　舜　对　羲　农。雪

huā duì yún yè　sháo yào duì fú róng　chén hòu zhǔ　hàn
花　对　云　叶，芍　药　对　芙　蓉。陈　后　主，汉

zhōng zōng　xiù hǔ duì diāo lóng　liǔ táng fēng dàn dàn　huā
中　宗，绣　虎　对　雕　龙。柳　塘　风　淡　淡，花

pǔ yuè nóng nóng　chūn rì zhèng yí zhāo kàn dié　qiū fēng nǎ
圃　月　浓　浓。春　日　正　宜　朝　看　蝶，秋　风　那

gèng yè wén qióng　zhàn shì yāo gōng　bì jiè gān gē chéng yǒng
更　夜　闻　蛩。战　士　邀　功，必　借　干　戈　成　勇

wǔ　yì mín shì zhì　xū píng shī jiǔ yǎng shū yōng
武；逸　民　适　志，须　凭　诗　酒　养　疏　慵。

注释

雪花：《坡公咏雪诗》里说"天巧能开顷刻花"。　　　　慵：懒也。

日积月累

叶公好龙

春秋时期，楚国有位贵族，封在了叶地，他死了以后，他的儿子叶子高承袭了父亲的封地，大家都称他为"叶公"。这位叶公特别喜欢龙，在他的家里，几乎到处都有龙的图案：墙壁上画着龙，柱子上刻着龙，房梁上、门窗上雕刻着龙，服饰和被褥上绣着龙，他家使用的筷子、盘子、碗、碟子也都有龙的图案，就连各种工具，也都做成了龙的模样。在叶公家里，可以说龙无处不在，就像走进了一个龙的世界。叶公如此喜欢龙的消息被天上的真龙听到了，真龙十分感动，决定降临人间，去拜访叶公。天上的真龙来到了叶公的家里，它的头从窗口探了进去，它的尾伸进了厅堂里，它要进来见见叶公。就在这时，正在屋里的叶公一抬头，突然发现了真龙，顿时吓得魂不附体，脸色大变，撒腿就跑，想赶快躲藏起来。直到这时，真龙才知道叶公所爱的是刻画的假龙，而不是真龙。

 诗歌赏析

《繁星·二十一 》作者：冰心

chuāng wài de qín xián bō dòng le
窗 外 的 琴 弦 拨 动 了 ，
wǒ de xīn hē
我 的 心 呵 ！
zěn zhǐ shēn shēn de rào zài yú yīn lǐ
怎 只 深 深 的 绕 在 余 音 里 ，
shì wú xiàn de shù shēng shì wú xiàn de yuè míng
是 无 限 的 树 声 ， 是 无 限 的 月 明 。

《繁星·二十二 》作者：冰心

shēng lí shì méng lóng de yuè rì
生 离 —— 是 朦 胧 的 月 日 ，
sǐ bié shì qiáo cuì de luò huā
死 别 —— 是 憔 悴 的 落 花 。

第 3 章　三江

古韵经典

lóu duì gé　　hù duì chuāng　　jù hǎi duì cháng jiāng
楼 对 阁，户 对 窗，巨 海 对 长 江。

róng cháng duì huì zhàng　　yù jiǎ duì yín gāng　　qīng bù màn
蓉 裳 对 蕙 帐，玉 斝 对 银 釭。青 布 幔，

bì yóu chuáng　　bǎo jiàn duì jīn gāng　　zhōng xīn ān shè jì
碧 油 幢，宝 剑 对 金 缸。忠 心 安 社 稷，

lì kǒu fù jiā bāng　　shì zǔ zhōng xīng yán mǎ wǔ　　jié wáng
利 口 覆 家 邦。世 祖 中 兴 延 马 武，桀 王

shī dào shā lóng páng　　qiū yǔ xiāo xiāo　　màn làn huáng huā
失 道 杀 龙 逄。秋 雨 潇 潇，漫 烂 黄 花

dōu mǎn jìng　　chūn fēng niǎo niǎo　　fú shū lù zhú zhèng yíng
都 满 径；春 风 袅 袅，扶 疏 绿 竹 正 盈

chuāng
窗 。

注释

斝：酒器。

幔：帐幕。

釭：灯盏。

碧油幢：军幕。

jīng duì pèi　　gài duì chuáng　　gù guó duì tā bāng
旌对旆，盖对幢，故国对他邦。

qiān shān duì wàn shuǐ　　jiǔ zé duì sān jiāng　　shān jí jí
千山对万水，九泽对三江。山岌岌，

shuǐ cóng cóng　　gǔ zhèn duì zhōng zhuàng　　qīng fēng shēng jiǔ
水淙淙，鼓振对钟撞。清风生酒

shè　　bái yuè zhào shū chuāng　　zhèn shàng dǎo gē xīn zhòu zhàn
舍，白月照书窗。阵上倒戈辛纣战，

dào páng xì jiàn zǐ yīng xiáng　　xià rì chí táng　　chū mò yù
道旁系剑子婴降。夏日池塘，出没浴

bō ōu duì duì　　chūn fēng lián mù　　wǎng lái yíng lěi yàn
波鸥对对；春风帘幕，往来营垒燕

shuāng shuāng
双双。

注释

倒戈：军队投降敌人、反过来打自己人。　　　　　　　　　　垒：燕巢。

zhū duì liǎng　　zhī duì shuāng　　huà yuè duì xiāng jiāng
铢对两，只对双，华岳对湘江。

cháo chē duì jìn gǔ　　sù huǒ duì hán gāng　　qīng suǒ tà　　bì
朝车对禁鼓，宿火对寒缸。青琐闼，碧

shā chuāng　　hàn shè duì zhōu bāng　　shēng xiāo míng xì xì
纱窗，汉社对周邦。笙箫鸣细细，

zhōng gǔ xiǎng chuāng chuāng　　zhǔ bù qī luán míng yǒu lǎn
钟鼓响摐摐。主簿栖鸾名有览，

zhì zhōng zhǎn jì xìng wéi páng　　sū wǔ mù yáng　　xuě lǚ cān
治中展骥姓惟庞。苏武牧羊，雪屡餐

yú běi hǎi　　zhuāng zhōu huó fù　　shuǐ bì jué yú xī jiāng
于北海；庄周活鲋，水必决于西江。

注释

华岳：西岳华山。 湘江：潇湘、蒸湘、湘源为三湘。

禁：官禁。 阕：官门。

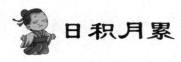

苏武牧羊

太初四年冬，匈奴响犁湖单于死，其弟且鞮（dī）侯（hóu）立为单于，为与汉修好，他遣使送回以往扣留的汉使路充国等人。天汉元年三月，汉武帝为回报匈奴善意，派中郎将苏武、副中郎将张胜及随员常惠等出使匈奴，送还原被扣的匈奴使者，并厚馈单于财物。苏武等到达匈奴后，原降匈奴的汉人虞常等人与张胜密谋，欲劫持单于母亲阏氏归汉。事发后累及苏武，苏武不愿受辱，自杀未成。单于敬重他，派汉降臣卫律劝降，苏武不为所动。于是单于把苏武幽禁在地窖中，断绝饮食，以此逼他就范。苏武坚持数日不死。单于将他流放到边远的北海无人烟的地方，放牧羝羊。匈奴单于新立，遣使者欲与汉朝亲善。汉朝要求匈奴释放苏武，始元六年，苏武等九人由汉使迎接回国。

诗歌赏析

《繁星·二十三》作者：冰心

xīn líng de dēng
心 灵 的 灯 ，

zài jì jìng zhōng guāng míng
在 寂 静 中 光 明 ，

zài rè nào zhōng xī miè
在 热 闹 中 熄 灭 。

《繁星·二十四》作者：冰心

xiàng rì kuí duì nà xiē wèi jiàn guò bái lián de rén
向 日 葵 对 那 些 未 见 过 白 莲 的 人 ，

chéng rèn tā men shì zuì hǎo de péng you
承 认 他 们 是 最 好 的 朋 友 。

bái lián chū shuǐ le xiàng rì kuí dī xià tóu le
白 莲 出 水 了 ， 向 日 葵 低 下 头 了 ：

tā tíng tíng de ào gǔ
她 亭 亭 的 傲 骨 ，

fēn bié le zì jǐ
分 别 了 自 己 。

第4章 四支

 古韵经典

chá duì jiǔ　　fù duì shī　　yàn zǐ duì yīng ní　　zāi
茶 对 酒， 赋 对 诗， 燕 子 对 莺 儿。 栽

huā duì zhòng zhú　　luò xù duì yóu sī　　sì mù jié　　yì zú
花 对 种 竹， 落 絮 对 游 丝。 四 目 颉， 一 足

kuí　　qú yù duì lù sī　　bàn chí hóng hàn dàn　　yì jià bái
夔， 鸲 鹆 对 鹭 鸶。 半 池 红 菡 萏， 一 架 白

tú mí　　jǐ zhèn qiū fēng néng yìng hòu　　yì lí chūn yǔ shèn
荼 蘼。 几 阵 秋 风 能 应 候， 一 犁 春 雨 甚

zhī shí　　zhì bó ēn shēn　　guó shì tūn biàn xíng zhī tàn
知 时。 智 伯 恩 深， 国 士 吞 变 形 之 炭；

yáng gōng dé dà　　yì rén shù duò lèi zhī bēi
羊 公 德 大， 邑 人 竖 堕 泪 之 碑。

注释

落絮：飘落的杨柳花絮。　　游丝：在空中飘荡的蛛丝。

鸲鹆：鸟名，俗称八哥。　　菡萏：未开的荷花。

荼蘼：也写作荼蘼，又名木香，一种藤类植物。

xíng duì zhǐ　sù duì chí　wǔ jiàn duì wéi qí　huā
行对止，速对迟，舞剑对围棋。花

jiān duì cǎo zì　zhú jiǎn duì máo zhuī　fén shuǐ dǐng　xiàn shān
笺对草字，竹简对毛锥。汾水鼎，岘山

bēi　hǔ bào duì xióng pí　huā kāi hóng jǐn xiù　shuǐ yàng
碑，虎豹对熊羆。花开红锦绣，水漾

bì liú lí　qù fù yīn tàn lín shè zǎo　chū qī wèi zhòng hòu
碧琉璃。去妇因探邻舍枣，出妻为种后

yuán kuí　dí yùn hé xié　xiān guǎn qià cóng yún lǐ jiàng
园葵。笛韵和谐，仙管恰从云里降；

lǔ shēng yī yà　yú zhōu zhèng xiàng xuě zhōng yí
橹声咿轧，渔舟正向雪中移。

注释

羆：一种野兽，俗称人熊。

琉璃：天然形成的各种有光的宝石的统称。　　咿轧：摇撸的声音。

gē duì jiǎ　gǔ duì qí　zǐ yàn duì huáng lí　méi
戈对甲，鼓对旗，紫燕对黄鹂。梅

suān duì lǐ kǔ　qīng yǎn duì bái méi　sān nòng dí　yì wéi
酸对李苦，青眼对白眉。三弄笛，一围

qí　yǔ dǎ duì fēng chuī　hǎi táng chūn shuì zǎo　yáng liǔ
棋，雨打对风吹。海棠春睡早，杨柳

zhòu mián chí　zhāng jùn céng wéi huái shù fù　dù líng bù zuò
昼眠迟。张骏曾为槐树赋，杜陵不作

hǎi táng shī　jìn shì tè qí　kě bǐ yì bān zhī bào　táng
海棠诗。晋士特奇，可比一斑之豹；唐

rú bó zhì　kān wéi wǔ zǒng zhī guī
儒博识，堪为五总之龟。

注释

李苦：李子很苦。

青眼：瞳孔是黑色的，正视对方时眼球是黑色的，其旁为白色。

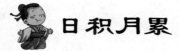

因枣去妇

　　王吉，字子阳，西汉大臣。王吉年轻时在长安求学，东邻有一棵大枣树的枝条垂到他家院里。王吉的妻子就顺手摘了几个枣子给他吃。后来，王吉得知枣是摘自东邻的，就把妻子休回娘家。东邻听说后很不安，打算砍倒枣树。左邻右舍都阻止砍树，并坚决请王吉把妻子接回来。当地人说："东邻有棵大枣树，王阳（即王吉，"王子阳"的省称）休掉媳妇；东邻枣树得保全，去妇才得又返还。"王吉就是这样一丝不苟地磨砺志向的。

诗歌赏析

《繁星·二十五》作者：冰心

sǐ hē
死 呵 !
qǐ lái sòng yáng tā
起 来 颂 扬 他
shì chén mò de zhōng guī
是 沉 默 的 终 归
shì yǒng yuǎn de ān xī
是 永 远 的 安 息

《繁星·二十六》作者：冰心

gāo jùn de shān diān
高 峻 的 山 巅
shēn kuò de hǎi shàng
深 阔 的 海 上 ——
shì bīng lěng de xīn
是 冰 冷 的 心
shì rè liè de lèi
是 热 烈 的 泪
kě lián wēi xiǎo de rén hē
可 怜 微 小 的 人 呵 !

第四单元　声韵启蒙

古韵经典

lái duì wǎng　　mì duì xī　　yàn wǔ duì yīng
来对往，密对稀，燕舞对莺

fēi　　fēng qīng duì yuè lǎng　　lù zhòng duì yān wēi
飞。风清对月朗，露重对烟微。

shuāng jú shòu　　yǔ méi féi　　kè lù duì yú jī
霜菊瘦，雨梅肥，客路对渔矶。

wǎn xiá shū jǐn xiù　　zhāo lù zhuì zhū jī　　xià shǔ kè
晚霞舒锦绣，朝露缀珠玑。夏暑客

sī yǐ shí zhěn　　qiū hán fù niàn jì biān yī　　chūn shuǐ
思欹石枕，秋寒妇念寄边衣。春水

cái shēn　　qīng cǎo àn biān yú fǔ qù　　xī yáng bàn
才深，青草岸边渔父去；夕阳半

luò　　lù suō yuán shàng mù tóng guī
落，绿莎原上牧童归。

注释

朗：月光明亮。　　　朝：早晨。　　　珠玑：珍珠的统称。

欹：不正、倾斜，这里是斜靠着、斜倚着的意思。

边衣：供戍守边防的战士穿的衣裳。

宽对猛，是对非，服美对乘肥。珊瑚对玳瑁，锦绣对珠玑。桃灼灼，柳依依，绿暗对红稀。窗前莺并语，帘外燕双飞。汉致太平三尺剑，周臻大定一戎衣。吟成赏月之诗，只愁月堕；斟满送春之酒，惟憾春归。

注释

宽对猛：宽指政策宽缓，猛指政策严厉。　　臻：至、到。

乘：乘坐。

声对色，饱对饥，虎节对龙旗。杨花对桂叶，白简对朱衣。龙也吠，燕于飞，荡荡对巍巍。春暄资日气，秋冷借霜威。出使

zhèn wēi féng fèng shì　　zhì mín yì děng yǐn wēng guī
振威冯奉世，治民异等尹翁归。

yàn wǒ dì xiōng　　zài yǒng dì táng wěi wěi　　mìng yī
燕我弟兄，载咏棣棠韡韡；命伊

jiàng shuài　　wèi gē yáng liǔ yī yī
将帅，为歌杨柳依依。

注释

声：特指音乐。　　　　　　龙：多毛狗。

荡荡：很宽广的样子。　　　暄：温暖。

资：借助。　　　　　　　　藉：借助、依靠。

韡韡：光艳茂盛的样子。

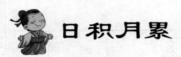

武王伐纣

　　武王伐纣是指公元前1046年，以西周部落为主的联军起兵反商纣王帝辛，最终导致商王朝灭亡的一场战争。主要由于当时商纣王滥用国力，长期征讨东方的东夷部落，导致国内兵力

守备空虚。这时候，西部的周国强盛起来。因为商代欺压和防范诸侯国的政策，长期囚禁周国的国君文王姬昌，造成周国的不满。姬昌被囚禁，得到大臣散宜生的营救，通过贿赂纣王，得以被释放。姬昌回到周国后，四处联络其他受到商纣王欺压的诸侯国，约定趁着商军主力不在国内的机会毁灭商的统治。

诗歌赏析

《繁星·二十七》作者：冰心

shī rén
诗 人
shì shì jiè huàn xiǎng shàng zuì dà de kuài lè
是 世 界 幻 想 上 最 大 的 快 乐
yě shì shì shí zhōng zuì shēn de shī wàng
也 是 事 实 中 最 深 的 失 望

《繁星·二十八》作者：冰心

gù xiāng de hǎi bō hē
故 乡 的 海 波 呵 ！
nǐ nà fēi jiàn de làng huā
你 那 飞 溅 的 浪 花
cóng qián zěn yàng yì dī yì dī de qiāo wǒ de pán shí
从 前 怎 样 一 滴 一 滴 的 敲 我 的 盘 石
xiàn zài yě zěn yàng yì dī yì dī de qiāo wǒ de xīn xián
现 在 也 怎 样 一 滴 一 滴 的 敲 我 的 心 弦

第6章 六鱼

 古韵经典

wú duì yǒu shí duì xū zuò fù duì guān
无对有，实对虚，作赋对观
shū lù chuāng duì zhū hù bǎo mǎ duì xiāng jū
书。绿窗对朱户，宝马对香车。
bó lè mǎ hào rán lú yì yàn duì qiú yú fēn
伯乐马，浩然驴，弋雁对求鱼。分
jīn qí bào shū fèng bì lìn xiàng rú zhì dì jīn
金齐鲍叔，奉璧蔺相如。掷地金
shēng sūn chuò fù huí wén jǐn zì dòu tāo shū wèi
声孙绰赋，回文锦字窦滔书。未
yù yīn zōng xū mí kùn fù yán zhī zhù jì féng zhōu
遇殷宗，胥靡困傅岩之筑；既逢周
hòu tài gōng shě wèi shuǐ zhī yú
后，太公舍渭水之渔。

注释

户：门。 宝马：配有用珍宝装饰起来的马具的马。

香车：即七香车，用多种香料涂饰的车。

zhōng duì shǐ　　jí duì xú　　duǎn hè duì huá
终 对 始， 疾 对 徐， 短 褐 对 华

jū　　liù cháo duì sān guó　　tiān lù duì shí qú　　qiān
裾。 六 朝 对 三 国， 天 禄 对 石 渠。 千

zì cè　　bā háng shū　　yǒu ruò duì xiàng rú　　huā
字 策， 八 行 书， 有 若 对 相 如。 花

cán wú xì dié　　zǎo mì yǒu qián yú　　luò yè wǔ fēng
残 无 戏 蝶， 藻 密 有 潜 鱼。 落 叶 舞 风

gāo fù xià　　xiǎo hé fú shuǐ juǎn huán shū　　ài xiàn rén
高 复 下， 小 荷 浮 水 卷 还 舒。 爱 见 人

cháng　　gòng fú xuān ní xiū jiǎ gài　　kǒng zhāng jǐ
长， 共 服 宣 尼 休 假 盖； 恐 彰 己

lìn　　shuí zhī ruǎn yù jìng fén jū
吝， 谁 知 阮 裕 竟 焚 车。

注释

短褐：古代平民穿的粗毛或粗麻织的衣服。

华裾：华美的衣裳。

裾，衣袖和衣襟均可叫裾，此处代指衣服。　　　　复：又。

lín duì fèng　　biē duì yú　　nèi shǐ duì zhōng
麟 对 凤， 鳖 对 鱼， 内 史 对 中

shū　　lí chú duì lěi sì　　quǎn kuài duì jiāo xū　　xī
书。 犁 锄 对 耒 耜， 畎 浍 对 郊 墟。 犀

jiǎo dài　　xiàng yá shū　　sì mǎ duì ān jū　　qīng
角 带， 象 牙 梳， 驷 马 对 安 车。 青

yī néng bào shè　　huáng ěr jiě chuán shū　　tíng pàn yǒu
衣能报赦，黄耳解传书。庭畔有

rén chí duǎn jiàn　　mén qián wú kè yè cháng jū　　bō
人持短剑，门前无客曳长裾。波

làng pāi chuán　　hài zhōu rén zhī shuǐ sù　　fēng luán rào
浪拍船，骇舟人之水宿；峰峦绕

shè　　lè yǐn zhě zhī shān jū
舍，乐隐者之山居。

注释

耒耜：一种较为原始的翻土用的农具。

畎：田中排灌用的水沟。　　　　　浍：田中排灌用的大水渠。

郊：城外曰郊。　　　　　　　　　墟：村落、集市。

 日积月累

完璧归赵

　　楚国有一件叫作和氏璧的宝玉，为赵惠文王所得，秦昭王听说后，表示愿意用十五城换取和氏璧。赵惠文王召见蔺相如，蔺相如表示愿带和氏璧去秦国，如果赵国得到秦国的城邑，就将和氏璧留在秦国，反之，一定完璧归赵。蔺相如到秦国后，将和氏璧献上，秦昭王大喜，却全无将城邑给赵国之意。蔺相如诳说玉上有一小处瑕疵点，要指给秦昭王看，趁机拿回了宝玉，并说：

"赵王担心秦国自恃强大，得和氏璧而不给城邑，经过我劝说方才答应。不料大王礼仪简慢，毫无交割城邑的诚意，现在若大王一定要抢走宝玉，我宁可将脑袋与宝玉一起在柱子上撞碎。"秦昭王无奈，只得划出十五个城邑给赵国。蔺相如估计秦昭王不过是假意应付，便提出要秦昭王也应斋戒五日，再郑重其事地交换。秦昭王只好应允。蔺相如便派随从怀藏和氏璧，偷偷从小道返回了赵国。

诗歌赏析

《繁星·二十九》作者：冰心

wǒ de péng you，duì bú zhù nǐ
我 的 朋 友 ， 对 不 住 你
wǒ suǒ néng fù yǔ de wèi ān
我 所 能 付 与 的 慰 安
zhǐ shì yán lěng de wēi xiào
只 是 严 冷 的 微 笑

《繁星·三十》作者：冰心

guāng yīn nán dào jiù zhè bān de guò qù me
光 阴 难 道 就 这 般 的 过 去 么
chú què piāo miǎo de sī xiǎng zhī wài
除 却 缥 渺 的 思 想 之 外
yí shì wú chéng
一 事 无 成 ！

第 7 章 七虞

 古韵经典

jīn duì yù　　bǎo duì zhū　　yù tù duì jīn

金对玉，宝对珠，玉兔对金

wū　　gū zhōu duì duǎn zhào　　yí yàn duì shuāng fú

乌。孤舟对短棹，一雁对双凫。

héng zuì yǎn　　niǎn yín xū　　lǐ bái duì yáng zhū　　qiū

横醉眼，捻吟须，李白对杨朱。秋

shuāng duō guò yàn　　yè yuè yǒu tí wū　　rì nuǎn yuán

霜多过雁，夜月有啼乌。日暖园

lín huā yì shǎng　　xuě hán cūn shè jiǔ nán gū　　rén chǔ

林花易赏，雪寒村舍酒难沽。人处

lǐng nán　　shàn tàn jù xiàng kǒu zhōng chǐ　　kè jū jiāng

岭南，善探巨象口中齿；客居江

zuǒ　　ǒu duó lí lóng hàn xià zhū

左，偶夺骊龙颔下珠。

注释

棹：桨之类的划船工具；也可代指船和划船。

凫：野鸭之类的水鸟。　　　　　　　骊龙：黑色的龙。

xián duì shèng　zhì duì yú　　fù fěn duì shī
贤对圣，智对愚，傅粉对施

zhū　　míng jiāng duì lì suǒ　　qiè kē duì tí hú
朱。名缰对利锁，挈榼对提壶。

jiū bǔ zǐ　　yàn tiáo chú　　shí zhàng duì xún chú　　yān
鸠哺子，燕调雏，石帐对郇厨。烟

qīng lǒng àn liǔ　　fēng jí hàn tíng wú　　qú yǎn yì
轻笼岸柳，风急撼庭梧。鸲眼一

fāng duān shí yàn　　lóng xián sān zhù bó shān lú　　qū
方端石砚，龙涎三炷博山炉。曲

zhǎo yú duō　　kě shǐ yú rén jié wǎng　　píng tián tù
沼鱼多，可使渔人结网；平田兔

shǎo　　màn láo gēng zhě shǒu zhū
少，漫劳耕者守株。

注释

傅：涂抹。　　　　　　　　　施：加上、抹上。

朱：红色，红色的化妆品，如胭脂口红之类。

利：利益。　　　　　　　　　挈：提着。

石帐：石崇的锦帐。　　　　　漫：枉然、白白地。

qín duì zhào　　yuè duì wú　　diào kè duì gēng
秦对赵，越对吴，钓客对耕

fū　　jī qiú duì zhàng lǚ　　qǐ zǐ duì sāng yú
夫。箕裘对杖履，杞梓对桑榆。

tiān yù xiǎo　　rì jiāng bū　　jiǎo tù duì yāo hú　　dú
天欲晓，日将晡，狡兔对妖狐。读

shū gān cì gǔ　　zhǔ zhōu xī fén xū　　hán xìn wǔ
书甘刺股，煮粥惜焚须。韩信武

néng píng sì hǎi　　zuǒ sī wén zú fù sān dū　　jiā
能平四海，左思文足赋三都。嘉

dùn yōu rén　　shì zhì zhú lí máo shè　　shèng yóu gōng
遁幽人，适志竹篱茅舍；胜游公

zǐ　　wán qíng liǔ mò huā qú
子，玩情柳陌花衢。

注释

箕裘：能继承父业，引申指能继承父业的后辈。　杞：树名。

梓：树名。　　　　　　　　　　　欲：将。

幽人：隐居之人。　　　　　　　适志：使自己的志向得以满足。

玩情：沉溺于感情。

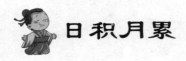

守株待兔

　　春秋时期有位宋国的农夫，他每天很早就到田里工作，一直到太阳下山才收拾农具准备回家。有一天，农夫正在田里辛苦地工作，突然跑来一只兔子。这只兔子跑得又急又快，一个不小心，兔子撞上稻田旁边的大树，这一撞，撞断了兔子的颈部，兔子当场倒地死亡。一旁的农夫看到之后，急忙跑上前，将死了的兔子一手抓起，然后很开心地收拾农具准备回家把这只兔子煮来吃。农夫心想，天底下既然有这么好的事，自己又何必每天辛苦地耕田？从此以后，他整天守在大树旁，希望能再等到不小心撞死的兔子。可是许多天过去了，他都没等到撞死在大树下的兔子，反而因为他不处理农田的事，田里长满了杂草，一天比一天更荒芜。

《繁星·三十一》作者：冰心

jiā shì zuì bù qíng de
家 是 最 不 情 的 ——

rén men de lèi zhū
人 们 的 泪 珠

biàn shì tā de shōu chéng
便 是 他 的 收 成

《繁星·三十二》作者：冰心

méi guī huā de cì
玫 瑰 花 的 刺

shì pān zhāi de rén de chēn hèn
是 攀 摘 的 人 的 嗔 恨

shì tā zì jǐ de wèi lè
是 她 自 己 的 慰 乐

第8章 八齐

 古韵经典

yán duì xiù　　jiàn duì xī　　yuǎn àn duì wēi
岩 对 岫， 涧 对 溪， 远 岸 对 危

dī　　hè cháng duì fú duǎn　　shuǐ yàn duì shān jī
堤。 鹤 长 对 凫 短， 水 雁 对 山 鸡。

xīng gǒng běi　　yuè liú xī　　hàn lù duì tāng ní
星 拱 北， 月 流 西， 汉 露 对 汤 霓。

táo lín niú yǐ fàng　　yú bǎn mǎ cháng sī　　shū zhí qù
桃 林 牛 已 放， 虞 坂 马 长 嘶。 叔 侄 去

guān wén guǎng shòu　　dì xiōng ràng guó yǒu yí qí
官 闻 广 受， 弟 兄 让 国 有 夷 齐。

sān yuè chūn nóng　　sháo yào cóng zhōng hú dié wǔ
三 月 春 浓， 芍 药 丛 中 蝴 蝶 舞；

wǔ gēng tiān xiǎo　　hǎi táng zhī shàng zǐ guī tí
五 更 天 晓， 海 棠 枝 上 子 规 啼。

注释

岫：山洞。也可指峰峦或山谷。　　危堤：高堤。危，高。

鹤长：仙鹤的脖子长。　　凫短：野鸭的脖子短。

流：向下运动、向下滑行。

云对雨，水对泥，白璧对玄圭。献瓜对投李，禁鼓对征鼙。徐稚榻，鲁班梯，凤翥对鸾栖，有官清似水，无客醉如泥。截发惟闻陶侃母，断机只有乐羊妻。秋望佳人，目送楼头千里雁；早行远客，梦惊枕上五更鸡。

注释

征鼙：出征时敲击的鼓。鼙，军队月的小鼓。

榻：一种狭长而矮的家具，可供坐卧。

翥：高飞。　　　　　　　　　　　鸾：凤凰之类的神鸟。

熊对虎，象对犀，霹雳对虹霓。杜鹃对孔雀，桂岭对梅溪。萧史凤，宋宗鸡，远近对高低。水寒鱼不跃，林茂鸟频栖。杨柳

hè yān péng zé xiàn　　　táo huā liú shuǐ wǔ líng xī
和 烟 彭 泽 县， 桃 花 流 水 武 陵 溪。

gōng zǐ zhuī huān　　xián zhòu yù cōng yóu qǐ mò　　jiā
公 子 追 欢， 闲 骤 玉 骢 游 绮 陌； 佳

rén juàn xiù　　　mèn qī shān zhěn yǎn xiāng guī
人 倦 绣， 闷 欹 珊 枕 掩 香 闺。

注释

霹雳：大雷、疾雷。

骤：使……奔驰。

绮陌：漂亮的街道。

闺：指女子住的内室。

追欢：寻求欢乐。

骢：有青白杂毛的马。

珊枕：珊瑚做成的枕头。

日积月累

乐羊子妻

　　曾经乐羊在路上行走时，捡到一块别人丢失的金子，拿回家把金子给了妻子。妻子说："我听说有志气的人不喝'盗泉'的水，廉洁方正的人不接受'嗟来之食'，何况是捡拾别人丢的东西，谋求私利来玷污自己的品德！"乐羊听后十分惭愧，就把金子丢弃到野外，然后远出拜师求学去了。一年后乐羊回到家中，妻子跪坐着问他回来的缘故。乐羊说："出行在外久了，心中思念家人，没有别的特殊的事情。"妻子听后，就拿起刀来快步走到织机前说道："这些丝织品都是从蚕茧中生出，又在织机上织成。

一根丝一根丝地积累起来，才达到一寸长，一寸一寸地积累，才能成丈成匹。现在如果割断这些正在织着的丝织品，那就要放弃了成功。你积累学问，就应当'每天都学到自己不懂的东西'，以此成就自己的美德。你中途就回来了，那同切断这丝织品又有什么不同呢？"乐羊被他妻子的话感动了，重新回去完成了自己的学业，并且七年没有回来。

 **诗歌赏析**

《繁星·三十三》作者：冰心

　　母亲呵！撇开你的忧愁
　　容我沉酣在你的怀里
　　只有你是我灵魂的安顿

《繁星·三十四》作者：冰心

　　创造新陆地的
　　不是那滚滚的波浪
　　却是地底下细小的泥沙

声律启蒙

二年级（下）

第一单元　声律启蒙

　　《声律启蒙》是训练儿童应对、掌握声韵格律的启蒙读物，分为上、下两卷。按韵分编，包罗天文、地理、花木、鸟兽、人物、器物等的虚实应对。从单字对、双字对、三字对、五字对、七字对到十一字对，声韵协调，朗朗上口，从中得到语音、词汇、修辞的训练。从单字到多字的层层属对，读起来如唱歌般。较之其他全用三言、四言句式而言更见韵味。这类读物，在启蒙读物中独具一格，经久不衰。

古韵经典

hé duì hǎi　　hàn duì huái　　chì àn duì zhū ái　　lù
河 对 海， 汉 对 淮， 赤 岸 对 朱 崖。 鹭

fēi duì yú yuè　　bǎo diàn duì jīn chāi　　yú yǔ yǔ　　niǎo jiē
飞 对 鱼 跃， 宝 钿 对 金 钗。 鱼 圉 圉， 鸟 喈

jiē　　cǎo lǚ duì máng xié　　gǔ xián chóng dǔ hòu　　shí
喈， 草 履 对 芒 鞋。 古 贤 崇 笃 厚， 时

bèi xǐ huī xié　　mèng xùn wén gōng tán xìng shàn　　yán shī
辈 喜 诙 谐。 孟 训 文 公 谈 性 善， 颜 师

kǒng zǐ wèn xīn zhāi　　huǎn fǔ qín xián　　xiàng liú yīng ér bìng
孔 子 问 心 斋。 缓 抚 琴 弦， 像 流 莺 而 并

yǔ　　xié pái zhēng zhù　　lèi guò yàn zhī xiāng āi
语； 斜 排 筝 柱。 类 过 雁 之 相 挨。

注释

宝钿：上面镶有宝玉的金银首饰。　　芒鞋：一种草鞋，以芒草织成。

诙谐：风趣、逗人发笑。　　挨：一个接一个地排列。

fēng duì jiǎn　　děng duì chā　　bù ǎo duì jīng chāi　　yàn
丰 对 俭， 等 对 差， 布 袄 对 荆 钗。 雁

háng duì yú zhèn   yú sài duì lán yá   tiāo jì nǚ   cǎi lián wá
行 对 鱼 阵， 榆 塞 对 兰 崖。 挑 荠 女， 采 莲 娃，

jú jìng duì tái jiē   shī chéng liù yì bèi   yuè zòu bā yīn xié
菊 径 对 苔 阶。 诗 成 六 义 备， 乐 奏 八 音 谐。

zào lǜ lì āi qín fǎ kù   zhī yīn rén shuō zhèng shēng wa
造 律 吏 哀 秦 法 酷， 知 音 人 说 郑 声 哇。

tiān yù fēi shuāng   sài shàng yǒu hóng háng yǐ guò   yún jiāng zuò
天 欲 飞 霜， 塞 上 有 鸿 行 已 过； 云 将 作

yǔ   tíng qián duō yǐ zhèn xiān pái
雨， 庭 前 多 蚁 阵 先 排。

注释

荆钗：用荆棘的刺做成的头饰，贫家妇女用。　　　行：行列。

榆塞：边塞的通称。　　　荠：一种野菜。

娃：女子的通称。

chéng duì shì   xiàng duì jiē   pò wū duì kōng jiē   táo zhī
城 对 市， 巷 对 街， 破 屋 对 空 阶。 桃 枝

duì guì yè   qì yǐn duì qiáng wō   méi kě wàng   jú kān huái
对 桂 叶， 砌 蚓 对 墙 蜗。 梅 可 望， 橘 堪 怀，

jì lù duì gāo chái   huā cáng gū jiǔ shì   zhú yìng dú shū zhāi
季 路 对 高 柴。 花 藏 沽 酒 市， 竹 映 读 书 斋。

mǎ shǒu bù róng gū zhú kòu   chē lún zhōng jiù luò yáng mái   cháo
马 首 不 容 孤 竹 扣， 车 轮 终 就 洛 阳 埋。 朝

zǎi jǐn yī   guì shù wū xī zhī dài   gōng rén bǎo jì   yí zān
宰 锦 衣， 贵 束 乌 犀 之 带； 宫 人 宝 髻， 宜 簪

bái yàn zhī chāi
白 燕 之 钗。

注释

砌：台阶。

季路：又叫子路、子由、仲由，孔子的学生。

高柴：宇子羔，孔子弟子。

乌犀之带：上有黑犀牛角做装饰的腰带。

 日积月累

望梅止渴

三国时期，有一次，曹操带着军队去打仗。当时，烈日炎炎，附近又没有水源，士兵们都口干难耐，浑身大汗，精疲力尽，人人都走不动了，眼看行进的速度越来越慢。曹操见状，非常着急，忽然他想出了一个主意。便举起马鞭，向前方一指，对士兵们说："看！前边不远处有一片梅林，结的梅子个个都挺大，赶到那里咱们好好休息吧。"士兵们一听，想起那又甜又酸的梅子，口水直流，也不觉得口渴了，都来了精神，加快步伐，很快走到了有水的地方。

诗歌赏析

《繁星·三十五》作者：冰心

万千的天使

要起来歌颂小孩子

小孩子！他细小的身躯里

含着伟大的灵魂

《繁星·三十六》作者：冰心

阳光穿进石隙里和极小的刺果说

"借我的力量伸出头来罢

解放了你幽囚的自己！"

树干儿穿出来了

坚固的磐石，裂成两半了

第2章 十灰

 古韵经典

增对损，闭对开，碧草对苍苔。书签
对笔架，两曜对三台。周召虎，宋桓魋，
阆苑对蓬莱。薰风生殿阁，皓月照楼
台。却马汉文思罢献，吞蝗唐太冀移灾。
照耀八荒，赫赫丽天秋日；震惊百里，
轰轰出地春雷。

注释

两曜：太阳和月亮。

八荒：四面八方，指荒远的地方。

丽天：附着在天空。丽，动词，附着。

沙对水，火对灰，雨雪对风雷。书淫对传癖，水浒对岩隈。歌旧曲，酿新醅，舞馆对歌台。春棠经雨放，秋菊傲霜开。作酒固难忘曲蘖，调羹必要用盐梅。月满庾楼，据胡床而可玩；花开唐苑，轰羯鼓以奚催。

注释

书淫：晋朝皇甫谧，字士安，博览群书，时号"书淫"。

传癖：晋朝杜预，字元凯，喜好《左传》，时人称其"传癖"。

隈：大山的弯曲处。

新醅：刚刚酿造出来的酒。醅，未过滤的酒。

休对咎，福对灾，象箸对犀杯。宫花对御柳，峻阁对高台。花蓓蕾，草根荄，剔藓对剜苔。雨前庭蚁闹，霜后阵鸿哀。元亮南窗今日傲，孙弘东阁几时开。

píng zhǎn qīng yīn　　yě wài róng róng ruǎn cǎo　　gāo zhāng cuì wò
平 展 青 茵 ， 野 外 茸 茸 软 草 ； 高 张 翠 幄 ，

tíng qián yù yù liáng huái
庭 前 郁 郁 凉 槐 。

注释

休：美好、喜庆、吉利。

象箸：象牙做的筷子。箸，筷子。

犀杯：犀牛角做的酒杯。

咎：灾难、灾祸。

茇：草根。幄：帐幕。

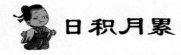 日积月累

塞翁失马

　　战国时期有一位老人，名叫塞翁。他养了许多马，一天，马群中忽然有一匹马走失了。邻居们听到这事，都来安慰他不必太着急，年龄大了，多注意身体。塞翁见有人劝慰，笑笑说："丢了一匹马损失不大，没准还会带来福气。"邻居听了塞翁的话，心里觉得好笑。马丢了，明明是件坏事，他却认为也许是好事，显然是自我安慰而已。可是过了没几天，丢失的马不仅自己回家，而且还带回一匹骏马。邻居听说马自己回来了，非常佩服塞翁的预见，向塞翁道贺说："还是您老有远见，马不仅没有丢，还带回一匹好马，真是福气呀。"塞翁听了邻人的祝贺，反倒一点儿高兴的样子都没有，忧虑地说："白白得了一匹好马，不一定是什么福气，也许惹出什么麻烦来。"塞翁有个独生子，非常喜欢骑马。他发现带回来的那匹马顾盼生姿，剽悍神骏，一看就知道是匹好马。他每天都骑马出游，心中得意扬扬。一天，他高兴得有些过火，打马飞奔，一个趔趄，从马背上跌下来，摔断了腿。邻居听说，纷纷来慰问。塞翁说："没什么，摔断了腿却保住了性命，或许是福气呢。"邻居们觉得他又在胡言乱语。他们想不出，摔断腿会带

来什么福气。不久，匈奴兵大举入侵，青年人被应征入伍，塞翁的儿子因为摔断了腿，不能去当兵。入伍的青年都战死了，唯有塞翁的儿子保全了性命。

诗歌赏析

《繁星·三十七》作者：冰心

yì shù jiā hē　　nǐ hé shì rén
艺 术 家 呵！你 和 世 人

nán dào zhōng jiǔ děi gé zhe yì chóng guāng míng zhī wù
难 道 终 久 得 隔 着 一 重 光 明 之 雾

《繁星·三十八》作者：冰心

jǐng lán shàng
井 栏 上

tīng chán chán shān xià de hé liú
听 潺 潺 山 下 的 河 流 ——

liào qiào de tiān fēng　　chuī zhe tóu fà
料 峭 的 天 风 ，吹 着 头 发

tiān biān　　　　dì shàng
天 边 —— 地 上

yì huí tóu yòu tiān le jǐ kē guāng míng
一 回 头 又 添 了 几 颗 光 明

shì xīng ér　　　hái shì dēng ér
是 星 儿 ，还 是 灯 儿

第3章　十一真

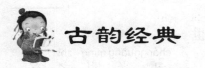

古韵经典

xié duì zhèng　jiǎ duì zhēn　xiè zhì duì qí lín　hán lú duì
邪对正，假对真，獬豸对麒麟。韩卢对

sū yàn　lù jú duì zhuāng chūn　hán wǔ guǐ　lǐ sān rén　běi
苏雁，陆橘对庄椿。韩五鬼，李三人，北

wèi duì xī qín　chán míng āi mù xià　yīng zhuàn yuàn cán chūn
魏对西秦。蝉鸣哀暮夏，莺啭怨残春。

yě shāo yàn téng hóng shuò shuò　xī liú bō zhòu bì lín lín　xíng
野烧焰腾红烁烁，溪流波皱碧粼粼。行

wú zōng　jū wú lú　sòng chéng jiǔ dé　dòng yǒu shí　cáng
无踪，居无庐，颂成酒德；动有时，藏

yǒu jié　lùn zhù qián shén
有节，论著钱神。

注释

獬豸：传说中的神兽，形似羊，有一角。

烁烁：火光明亮的样子。

啭：鸟叫。

粼粼：波光闪耀的样子。

āi duì lè　　fù duì pín　　hǎo yǒu duì jiā bīn　　tán guān duì
哀对乐，富对贫，好友对嘉宾。弹冠对

jié shòu　　bái rì duì qīng chūn　　jīn fěi cuì　　yù qí lín　　hǔ
结绶，白日对青春。金翡翠，玉麒麟，虎

zhǎo duì lóng lín　　liǔ táng shēng xì làng　　huā jìng qǐ xiāng chén
爪对龙麟。柳塘生细浪，花径起香尘。

xián ài dēng shān chuān xiè jī　　zuì sī lù jiǔ tuō táo jīn　　xuě
闲爱登山穿谢屐，醉思漉酒脱陶巾。雪

lěng shuāng yán　　　　yǐ jiàn sōng yún tóng ào suì　　rì chí fēng nuǎn
冷霜严，倚槛松筠同傲岁；日迟风暖，

mǎn yuán huā liǔ gè zhēng chūn
满园花柳各争春。

注释

漉酒：过滤酒。　　　　　　　　　　　松筠：松树和竹子。

日迟：太阳移动得很慢，这是春天的景象。

xiāng duì huǒ　　tàn duì xīn　　rì guān duì tiān jīn　　chán xīn
香对火，炭对薪，日观对天津。禅心

duì dào yǎn　　yě fù duì gōng pín　　rén wú dí　　dé yǒu lín
对道眼，野妇对宫嫔。仁无敌，德有邻，

wàn dàn duì qiān jūn　　tāo tāo sān xiá shuǐ　　rǎn rǎn yì xī bīng
万石对千钧。滔滔三峡水，冉冉一溪冰。

chōng guó gōng míng dāng huà gé　　zǐ zhāng yán xíng guì shū shēn　　dǔ
充国功名当画阁，子张言行贵书绅。笃

zhì shī shū　　sī rù shèng xián jué yù　　wàng qíng guān jué　　xiū
志诗书，思入圣贤绝域；忘情官爵，羞

zhān míng lì xiān chén
沾名利纤尘。

注释

薪：柴火。

绝域：最高境界。

纤尘：纤维和灰尘，喻指微小的、不值得看重的东西。

冉冉：慢慢漂流的样子。

日积月累

弹冠相庆

王吉和贡禹都是琅琊的才子。他们很早相识，成为交情深厚的朋友。他们两个人，无论是学识还是人品都很出色，可是在仕途上总是不够顺利，得不到皇帝的喜爱。贡禹曾担任过很多职务，但多次被罢官。这样的经历，一次两次还行，可是一旦频繁地出现，他心中就会闷闷不乐，陷入忧愁之中。王吉虽然没有多次被罢官的经历，但一直以来没担任过重要的官职，郁郁不得志。两人同病相怜，经常在一起聊天。汉宣帝死后，汉元帝登基。王吉忽然走了运，被提升为谏议大夫。此时贡禹正赋闲在家，他听说王吉被重用之后，心里非常高兴，他想："我

与王吉的经历与才学都差不多，既然皇帝欣赏王吉，也可能会赏识我啊。这样一来，我很有可能会被重用。"于是，他把官帽找出来，将上面厚厚的灰尘弹去，准备将来做官的时候

戴。果然，没过多久，朝廷突然下旨征召贡禹，请他担任重要官职。

 **诗歌赏析**

《繁星·三十九》作者：冰心

mèng chū xǐng chù　　　shān xià jǐ dié de yún qīn lǐ
梦 初 醒 处 ， 山 下 几 叠 的 云 衾 里

piē jiàn le guāng míng de tā
瞥 见 了 光 明 的 她

zhāo yáng hē　　lín bié de nǐ
朝 阳 呵 ！ 临 别 的 你

yǐ shì kān lián zěn sì rú jīn zhóng jiàn
已 是 堪 怜 怎 似 如 今 重 见 ！

《繁星·四十》作者：冰心

wǒ de péng you　　nǐ bú yào qīng xìn wǒ
我 的 朋 友 ！ 你 不 要 轻 信 我

yí nǐ yǐ wú xiàn de fán nǎo
贻 你 以 无 限 的 烦 恼

wǒ zhǐ shì shòu sī cháo qū shǐ de ruò zhě a
我 只 是 受 思 潮 驱 使 的 弱 者 啊

第4章 十二文

古韵经典

jiā duì guó　wǔ duì wén　sì fǔ duì sān jūn　jiǔ jīng duì
家对国，武对文，四辅对三军。九经对

sān shǐ　jú fù duì lán fēn　gē běi bǐ　yǒng nán xūn　ěr tīng
三史，菊馥对兰芬。歌北鄙，咏南薰，迩听

duì yáo wén　shào gōng zhōu tài bǎo　lǐ guǎng hàn jiāng jūn　wén
对遥闻。召公周太保，李广汉将军。闻

huà shǔ mín jiē cǎo yǎn
化蜀民皆草偃，

zhēng quán jìn tǔ yǐ guā fēn　wū xiá yè shēn　yuán xiào kǔ
争权晋土已瓜分。巫峡夜深，猿啸苦

āi bā dì yuè
哀巴地月；

héng fēng qiū zǎo　yàn fēi gāo tiē chǔ tiān yún
衡峰秋早，雁飞高贴楚天云。

注释

四辅：官职名。　　　　　　　　　　　　　　　　　迩：近。

敧对正，见对闻，偃武对修文。羊车对鹤驾，朝旭对晚曛。花有艳，竹成文，马燧对羊欣。山中梁宰相，树下汉将军。施帐解围嘉道韫，当垆沽酒叹文君。好景有期，北岭几枝梅似雪；丰年先兆，西郊千顷稼如云。

注释

闻：听见。

偃武：停息武备、停止战争。

羊车：晋武帝乘车任由羊走，羊车在哪停下，他就临幸哪个妃子。

尧对舜，夏对殷，蔡惠对刘蕡。山明对水秀，五典对三坟。唐李杜，晋机云，事父对忠君。雨晴鸠唤妇，霜冷雁呼群。酒量洪深周仆射，诗才俊逸鲍参军。鸟翼长随，凤兮洵众禽长；狐威不假，虎也真百兽尊。

注释

夏：夏朝。

洵：确实、实在。

殷：商朝。

 日积月累

狐假虎威

　　从前在某个山洞中有一只老虎，因为肚子饿了，他便跑到外面寻觅食物。当他走到一片茂密的森林时，忽然看到前面有只狐狸正在散步。他觉得这正是个千载难逢的好机会，于是，便一跃身扑过去，毫不费力地将他擒过来。可是当他张开嘴巴，正准备把那只狐狸吃进肚子里的时候，狡黠的狐狸怪声怪气地说："你不敢吃我，我是天上派来的百兽之王。"老虎听了不以为然。狐狸又说："不信你跟着我走，看百兽见了我会怎样。"说完狐狸大摇大摆地向前走去，老虎半信半疑地跟在后面东张西望。只见很多野兽见到狐狸来了都吓得跑了。老虎却不知道野兽实际上是怕自己而不是怕狐狸。

诗歌赏析

《繁星·四十一》作者：冰心

<small>yè yǐ shēn le</small>
夜 已 深 了
<small>wǒ de xīn mén yào kāi zhe</small>
我 的 心 门 要 开 着 ——
<small>yí gè fú zōng de lǚ kè</small>
一 个 浮 踪 的 旅 客
<small>sī xiǎng de shén</small>
思 想 的 神
<small>zài bú yì zhōng yào lín dào le</small>
在 不 意 中 要 临 到 了

《繁星·四十二》作者：冰心

<small>yún cai zài tiān kōng zhōng</small>
云 彩 在 天 空 中
<small>rén zài dì miàn shàng</small>
人 在 地 面 上
<small>sī xiǎng bèi shì shí jìn gù zhù</small>
思 想 被 事 实 禁 锢 住
<small>biàn shì yí qiè kǔ tòng de gēn yuán</small>
便 是 一 切 苦 痛 的 根 源

第二单元　声律启蒙

第5章　十三元

古韵经典

幽对显，寂对喧，柳岸对桃源。莺朋对燕友，早暮对寒暄。鱼跃沼，鹤乘轩，醉胆对吟魂。轻尘生范甑，积雪拥袁门。缕缕轻烟芳草渡，丝丝微雨杏花村。诣阙王通，献太平十二策；出关老子，著道德五千言。

注释

暄：温暖。

阙：用以代指宫殿、皇宫。

诣：往、到。

儿对女，子对孙，药圃对花村。高楼对邃阁，赤豹对玄猿。妃子骑，夫人轩，旷野对平原。匏巴能鼓瑟，伯氏善吹埙。馥馥早梅思驿使，萋萋芳草怨王孙。秋夕月明，苏子黄岗游绝壁；春朝花发，石家金谷启芳园。

注释

邃：深邃、幽秘。

伯氏：哥哥、兄长。

歌对舞，德对恩，犬马对鸡豚。龙池对凤沼，雨骤对云屯。刘向阁，李膺门，唳鹤对啼猿。柳摇春白昼，梅弄月黄昏，岁冷松筠皆有节，春喧桃李本无言。噪晚齐蝉，岁岁秋来泣恨；啼宵蜀鸟，年年春去伤魂。

注释

豚：小猪，有时也泛指猪。　　　　　　　　　龙池凤沼：皆禁苑中池沼名。

日积月累

风声鹤唳

西晋末年发生内乱，因为长期动荡不安，最后西晋不幸灭亡，琅琊王司马睿就在建康建立了东晋。当晋朝渡江来到南方，胡人就霸占了北方，不久，北方就被前秦全部占领，与江南的东晋对立。

当时前秦的首领叫苻坚，他请汉人王猛当他的宰相，一心要让国家变得十分强盛。为了完成统一中国的心愿，苻坚就带着八十万大军攻打南方。晋朝的君臣一听到消息都非常害怕，只有丞相谢安十分镇定，从容不迫地安排打仗的事情。

就在淝水这个地方，谢安趁前秦军队还没集合好，迅速派兵渡河去偷袭前秦的军队。前秦因此输得很惨，士兵到处逃命，听到风声或鹤叫的声音，都以为是晋军要打来了，非常害怕。在这场战役中，前秦的士兵伤亡惨重，同时也决定了南北日后长期对峙的局面。

诗歌赏析

《繁星·四十三》作者：冰心

zhēn lǐ
真 理
zài yīng ér de chén mò zhōng
在 婴 儿 的 沉 默 中
bú zài cōng míng rén de biàn lùn lǐ
不 在 聪 明 人 的 辩 论 里

《繁星·四十四》作者：冰心

zì rán hē
自 然 呵 ！
qǐng nǐ róng wǒ zhǐ wèn yí jù huà
请 你 容 我 只 问 一 句 话
yí jù zhèng zhòng de huà
一 句 郑 重 的 话
wǒ bù céng cuò jiě le nǐ me
我 不 曾 错 解 了 你 么

第6章　十四寒

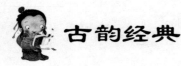
古韵经典

duō duì shǎo　　yì duì nán　　hǔ jù duì lóng pán　　lóng zhōu
多对少，易对难，虎踞对龙蟠。龙舟

duì fèng niǎn　　bái hè duì qīng luán　　fēng xī xī　　lù tuán tuán
对凤辇，白鹤对青鸾。风淅淅，露漙漙，

xiù gǔ duì diāo ān　　yú yóu hé yè zhǎo　　lù lì liǎo huā tān　　yǒu
绣毂对雕鞍。鱼游荷叶沼，鹭立蓼花滩。有

jiǔ ruǎn diāo xī yòng jiě　　wú yú féng jiá bì xū tán　　dīng gù mèng
酒阮貂奚用解，无鱼冯铗必须弹。丁固梦

sōng　　kē yè hū rán shēng fù shàng　　wén láng huà zhú　　zhī shāo
松，柯叶忽然生腹上；文郎画竹，枝梢

shū ěr zhǎng háo duān
倏尔长毫端。

注释

踞：蹲坐。　　　　　　　　　　　　　　　　蟠：弯曲着盘伏。

漙漙：露水很多的样子。

蓼：草本植物，叶子略有辛辣的气味，开浅红色或白色的花。

寒对暑，湿对干，鲁隐对齐桓。寒毡对暖席，夜饮对晨餐。叔子带，仲由冠，郏鄗对邯郸。嘉禾忧夏旱，衰柳耐秋寒。杨柳绿遮元亮宅，杏花红映仲尼坛。江水流长，环绕似青罗带；海蟾轮满，澄明如白玉盘。

注释

鲁隐：即鲁隐公，春秋时期鲁国的国君。

海蟾：月亮的代称。

横对竖，窄对宽，黑志对弹丸。朱帘对画栋，彩槛对雕栏。春既老，夜将阑，百辟对千官。怀仁称足足，抱义美般般。好马君王曾市骨，食猪处士仅思肝。世仰双仙，元礼舟中携郭泰，人称连璧，夏侯车上并潘安。

181

注释

黑志对弹丸：都是比喻（土地）面积很小的意思。

槛：栏杆   既：已经。

阑：晚，将要完结。

 日积月累

掷果盈车

潘安是中国历史上出了名的美男子，据说潘安因为长相惊艳而远近闻名，人们为了能够一睹潘安的美貌，都聚集在潘安出行的街道上围观。在那些欣赏潘安美貌的人群当中，有各个年龄阶段的人，很多爱慕潘安的少女为了能够表达自己对潘安的仰慕，都会向他所乘坐的车上扔一些鲜花和水果。这就是"掷果盈车"的典故。

诗歌赏析

《繁星·四十五》作者：冰心

言论的花儿，开的愈大
行为的果子，结得愈小

《繁星·四十六》作者：冰心

松枝上的蜡烛
依旧照着罢！
反复的调儿
弹再一阕罢！
等候着，远别的弟弟
从夜色里要到门前了

183

第7章 十五删

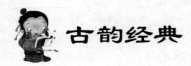

古韵经典

xīng duì fèi　　fù duì pān　　lù cǎo duì shuāng jiān　　gē lián
兴对废，附对攀，露草对霜菅，歌廉

duì jiè kòu　　xí kǒng duì xī yán　　shān lěi lěi　　shuǐ chán chán
对借寇，习孔对希颜。山垒垒，水潺潺，

fèng bì duì tàn huán　　lǐ yóu gōng dàn zuò　　shī běn zhòng ní shān
奉璧对探镮。礼由公旦作，诗本仲尼删。

lǘ kùn kè fāng jīng bà shuǐ　　jī míng rén yǐ chū hán guān　　jǐ yè
驴困客方经灞水，鸡鸣人已出函关。几夜

shuāng fēi　　yǐ yǒu cāng hóng cí běi sài　　shù zhāo wù àn　　qǐ
霜飞，已有苍鸿辞北塞；数朝雾暗，岂

wú xuán bào yǐn nán shān
无玄豹隐南山。

注释

附：依附。　　　　　　　　　　　　　　　　　　　攀：攀附、依附。

菅：一种茅草，又称菅茅、苞子草。茎可制绳，细叶可盖房顶。

北塞：北方偏远的地方。

犹对尚，侈对悭，雾鬓对烟鬟。莺啼对鹊噪，独鹤对双鹇。黄牛峡，金马山，结草对衔环。昆山惟玉集，合浦有珠还。阮籍旧能为眼白，老莱新爱着衣斑。栖迟避世人，草衣木食；窈窕倾城女，云鬓花颜。

注释

悭：省俭、吝啬。

窈窕：联绵词，美好的样子。

栖迟：连绵词，隐居、隐遁的意思。

姚对宋，柳对颜，赏善对惩奸。愁中对梦里，巧慧对痴顽。孔北海，谢东山，使越对征蛮，淫声闻濮上，离曲听阳关。骁将袍披仁贵白，小儿衣着老莱斑。茅舍无人，难却尘埃生榻上；竹亭有客，尚留风月在窗间。

注释

蛮：南方的少数民族。　　　　　　淫声：超出正常限度的音乐。

骁将：勇将。骁，勇敢敏捷。　　　斑：斑斓、花色漂亮。

却：免除。

 日积月累

鸡鸣狗盗

　　战国时期，战国四公子之一的孟尝君带着门客到秦国旅行。秦昭王想留他做相国，他不肯，秦昭王扣留他，他准备逃离秦国回到齐国。

　　于是他的一个门客拿着一件白狐裘从宫殿的狗洞里钻进去，向秦昭王的宠妃贿赂，宠妃于是跟秦昭王求情，秦昭王也就睁只眼闭只眼了。

　　孟尝君打算在清晨出逃。但是秦国规定，鸡还没打鸣时不准开城门，于是孟尝君的另一个门客就模仿鸡打鸣，守门卫士一边咒骂着"今天鸡怎么叫得这么早"，一边打开了城门，孟尝君得以顺利逃回齐国。现在用这个成语比喻偷偷摸摸、做事不光明正大的人。

 诗歌赏析

《繁星·四十七》作者：冰心

ér shí de péng you
儿 时 的 朋 友
hǎi bō hē
海 波 呵
shān yǐng hē
山 影 呵
càn làn de wǎn xiá hē
灿 烂 的 晚 霞 呵
bēi zhuàng de lǎ ba hē
悲 壮 的 喇 叭 呵
wǒ men rú jīn shì shū yuǎn le me
我 们 如 今 是 疏 远 了 么

《繁星·四十八》作者：冰心

ruò xiǎo de cǎo hē
弱 小 的 草 呵！
jiāo ào xiē ba
骄 傲 些 吧
zhǐ yǒu nǐ pǔ biàn de zhuāng diǎn le shì jiè
只 有 你 普 遍 地 装 点 了 世 界

187

第8章 一先

古韵经典

qíng duì yǔ　　dì duì tiān　　tiān dì duì shān chuān　　shān
晴对雨，地对天，天地对山川。山

chuān duì cǎo mù　　chì bì duì qīng tián　　jiá rǔ dǐng　　wǔ chéng
川对草木，赤壁对青田。郏鄏鼎，武城

xián　　mù bǐ duì tái qián　　jīn chéng sān yuè liǔ　　yù jǐng jiǔ qiū
弦，木笔对苔钱。金城三月柳，玉井九秋

lián　　hé chù chūn zhāo fēng jǐng hǎo　　shéi jiā qiū yè yuè huá yuán
莲。何处春朝风景好，谁家秋夜月华圆。

zhū zhuì huā shāo　　qiān diǎn qiáng wēi xiāng lù　　liàn héng shù miǎo
珠缀花梢，千点蔷薇香露；练横树杪，

jǐ sī yáng liǔ cán yān
几丝杨柳残烟。

注释

苔钱：苔藓的别名。　　　　　　　　　　　玉井：井的美称。

练：一种白色的熟绢，此处指白色的雾气。　杪：树梢。

前对后，后对先，众丑对孤妍。莺簧
对蝶板，虎穴对龙渊。击石磬，观韦编，
鼠目对鸢肩。春园花柳地，秋沼芰荷天。
白羽频挥闲客坐，乌纱半坠醉翁眠。野店
几家，羊角风摇沽酒旆；长川一带，鸭
头波泛卖鱼船。

注释

妍：美好、漂亮。

鼠目：形容人的眼睛像老鼠的眼，有神而狡猾。

鸢肩：形容人的肩头上耸。　　　　　　　　　　　　　　羊角：旋风的别称。

旆：旗帜的通称。

离对坎，震对乾，一日对千年，尧天对
舜日，蜀水对秦川。苏武节，郑虔毡，涧
壑对林泉。挥戈能退日，持管莫窥天。寒
食芳辰花烂熳，中秋佳节月婵娟。梦里
荣华，飘忽枕中之客，壶中日月，安闲

shì shàng zhī xiān
市 上 之 仙。

注释

芳辰：美好的时辰。 婵娟：美好的样子。

 日积月累

草船借箭

　　周瑜看到诸葛亮挺有才干，心里很妒忌。与曹军水上交战需要弓箭，诸葛亮签下三天之内造好十万支箭的军令状。周瑜命令军匠故意不把造箭的材料准备齐全，到时候诸葛亮做不成，便可以定他的罪，并命令鲁肃去打听打听。

　　诸葛亮向鲁肃借了三十条船，船上三十多名军士。船用青布幔子遮起来，还要一千多个靶子排在两边。鲁肃按照诸葛亮的要求给他准备了。

　　第三天大雾，天还没亮船已经靠近曹军的水寨，一字排开。诸葛亮又叫军士一边擂鼓一边呐喊。曹操以为有人来进攻，又因为大雾天气怕有埋伏，就派来六千名弓弩手到江边支援水军，箭像雨一样射了过来。过了一会儿，诸葛亮又命令把船头朝东，船尾朝西，让另一面受箭。太阳出来了，雾要散了，诸葛亮命令

周瑜派来的五百个军士正好来到江边搬箭，每条船大约有五六千支，三十条船共有十万多支。鲁肃把借箭的过程告诉周瑜时，周瑜自叹不如。

诗歌赏析

《繁星·四十九》作者：冰心

líng suì de shī jù
零 碎 的 诗 句
shì xué hǎi zhōng de yì diǎn làng huā bà
是 学 海 中 的 一 点 浪 花 罢
rán ér tā men shì guāng míng shǎn shuò de
然 而 他 们 是 光 明 闪 烁 的
fán xīng bān qiàn zài xīn líng de tiān kōng lǐ
繁 星 般 嵌 在 心 灵 的 天 空 里

《繁星·五十》作者：冰心

bù héng de qíng xù
不 恒 的 情 绪
yào yíng jiē tā me
要 迎 接 他 么
tā néng yǒng chū yì wài de sī cháo
他 能 涌 出 意 外 的 思 潮
yào chuàng zào shén qí de wén zì
要 创 造 神 奇 的 文 字

第三单元　声律启蒙

　　《声律启蒙》是训练儿童应对、掌握声韵格律的启蒙读物，分为上、下两卷。按韵分编，包罗天文、地理、花木、鸟兽、人物、器物等的虚实应对。从单字对、双字对、三字对、五字对、七字对到十一字对，声韵协调，朗朗上口，从中得到语音、词汇、修辞的训练。从单字到多字的层层属对，读起来如唱歌般。较之其他全用三言、四言句式而言更见韵味。这类读物，在启蒙读物中独具一格，经久不衰。

第9章 二萧

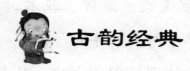

古韵经典

gōng duì màn　lìn duì jiāo　shuǐ yuǎn duì shān yáo　sōng
恭对慢，吝对骄，水远对山遥。松

xuān duì zhú jiàn　xuě fù duì fēng yáo　chéng wǔ mǎ　guàn shuāng
轩对竹槛，雪赋对风谣。乘五马，贯双

diāo　zhú miè duì xiāng xiāo　míng chán cháng chè yè　zhòu yǔ bù
雕，烛灭对香消。明蟾常彻夜，骤雨不

zhōng zhāo　lóu gé tiān liáng fēng sà sà　guān hé dì gé yǔ xiāo
终朝。楼阁天凉风飒飒，关河地隔雨潇

xiāo　jǐ diǎn lù sī　rì mù cháng fēi hóng liǎo àn　yì shuāng
潇。几点鹭鸶，日暮常飞红蓼岸；一双

xī chì　chūn zhāo pín fàn lù yáng qiáo
鸂鶒，春朝频泛绿杨桥。

注释

慢：轻慢、轻忽、看不起对方。　　　　谣：歌谣、民谣。

彻夜：通宵、一整夜。　　　　　　　骤雨：急雨、猛雨。

终朝：整天。

kāi duì luò　　àn duì zhāo　　zhào sè duì yú sháo　　yáo chē duì
开对落，暗对昭，赵瑟对虞韶。轺车对

yì jì　　jǐn xiù duì qióng yáo　　xiū rǎng bì　　lǎn zhé yāo　　fàn
驿骑，锦绣对琼瑶。羞攘臂，懒折腰，范

zèng duì yán piáo　　hán tiān yuān zhàng jiǔ　　yè yuè fèng tái xiāo
甑对颜瓢。寒天鸳帐酒，夜月凤台箫。

wǔ nǚ yāo zhī yáng liǔ ruǎn　　jiā rén yán mào hǎi táng jiāo　　háo kè
舞女腰肢杨柳软，佳人颜貌海棠娇。豪客

xún chūn　　nán mò cǎo qīng xiāng zhèn zhèn　　xián rén bì shǔ　　dōng
寻春，南陌草青香阵阵；闲人避暑，东

táng jiāo lù yǐng yáo yáo
堂蕉绿影摇摇。

注释

昭：明亮。

鸳帐：绣有鸳鸯的帐幕，也指夫妻共居其中的帐幕。

陌：田间小道。

bān duì mǎ　　dǒng duì cháo　　xià zhòu duì chūn xiāo　　léi shēng
班对马，董对晁，夏昼对春宵。雷声

duì diàn yǐng　　mài suì duì hé miáo　　bā qiān lù　　niàn sì qiáo
对电影，麦穗对禾苗。八千路，廿四桥，

zǒng jiǎo duì chuí tiáo　　lù táo yún nèn liǎn　　fēng liǔ wǔ xiān yāo
总角对垂髫。露桃匀嫩脸，风柳舞纤腰。

jiǎ yì fù chéng shāng fú niǎo　　zhōu gōng shī jiù tuō chī xiāo　　yōu
贾谊赋成伤鵩鸟，周公诗就托鸱鸮。幽

sì xún sēng　　yì xìng qǐ zhī é ěr jìn　　cháng tíng sòng kè　　lí
寺寻僧，逸兴岂知俄尔尽；长亭送客，离

hún bù jué àn rán xiāo
魂不觉黯然消。

注释

电影：闪电的影子。

逸兴：清逸脱俗的兴致。

总角：代指年幼之时。

 日积月累

客分三等恭与慢

　　一次，苏轼在莫干山游玩，疲乏燥渴间，见到一座道观，便进去讨杯茶喝。主事老道见来人衣着简朴，便淡淡地指了指椅子说："坐！"然后，对道童喊道："茶！"苏轼坐下和老道闲聊起来。谈话间，老道发觉来客谈吐不凡，便把他引至大殿，客气地说："请坐！"又对道童说："敬茶！"两人接着深入交谈。老道越发觉得来客知识渊博，聪慧过人，不禁请教来人姓名，这才得知来人竟是名扬

四海的苏大学士。于是，连忙起身作揖，又将其请进客厅，恭恭敬敬地说："请上坐！"并连忙吩咐道童说："敬香茶！"苏轼告辞时，老道求他写字留念。苏轼一笑，挥笔题了一副对联："坐，请坐，请上坐；茶，敬茶，敬香茶。"

诗歌赏析

《繁星·五十一》作者：冰心

cháng rén de pī píng hé duàn dìng
常 人 的 批 评 和 断 定
hǎo xiàng yì qún xiā zi
好 像 一 群 瞎 子
zài yún wài tuī cè zhe yuè míng
在 云 外 推 测 着 月 明

《繁星·五十二》作者：冰心

guǐ dào páng de huā ér hé shí zǐ
轨 道 旁 的 花 儿 和 石 子 ！
zhǐ zhè yì miǎo de shí jiān lǐ
只 这 一 秒 的 时 间 里
wǒ hé nǐ shì wú xiàn zhī shēng zhōng de ǒu yù
我 和 你 是 无 限 之 生 中 的 偶 遇
yě shì wú xiàn zhī shēng zhōng de yǒng bié
也 是 无 限 之 生 中 的 永 别
zài lái shí wàn qiān tóng lèi zhōng
再 来 时 ， 万 千 同 类 中
hé chù gèng xún nǐ
何 处 更 寻 你

第 10 章　三肴

古韵经典

fēng duì yǎ　　xiàng duì yáo　　　jù mǎng duì cháng jiāo　　tiān wén
风 对 雅， 象 对 爻， 巨 蟒 对 长 蛟。 天 文

duì dì lǐ　　　xī shuài duì piāo xiāo　　lóng yāo jiǎo　　hǔ páo xiāo
对 地 理， 蟋 蟀 对 螵 蛸。 龙 夭 矫， 虎 咆 哮，

běi xué duì dōng jiāo　　zhù tái xū léi tǔ　　　chéng wū bì zhū máo
北 学 对 东 胶。 筑 台 须 垒 土， 成 屋 必 诛 茅。

pān yuè bú wàng qiū xìng fù　　biān sháo cháng bèi zhòu mián cháo　　fǔ
潘 岳 不 忘 秋 兴 赋， 边 韶 常 被 昼 眠 嘲。 抚

yǎng qún lí　　　yǐ jiàn guó jiā lóng zhì　　zī shēng wàn wù　　fāng zhī
养 群 黎， 已 见 国 家 隆 治； 滋 生 万 物， 方 知

tiān dì tài jiāo
天 地 泰 交。

注释

螵蛸：螳螂的卵块，此处代指螳螂。

夭矫：伸展自如、强健有力的样子。

群黎：百姓、庶民。黎，众多。

蛇对虺，蜃对蛟，麟薮对鹊巢。风声对月色，麦穗对桑苞。何妥难，子云嘲，楚甸对商郊。五音惟耳听，万虑在心包。葛被汤征因仇饷，楚遭齐伐责包茅。高矣若天，洵是圣人大道；淡而如水，实为君子神交。

注释

虺：毒蛇。　　　　　　　　　　　　蜃：大型的贝类动物。

甸：远郊。

五音：音乐中的五声音阶，分别为宫、商、角、徵、羽。

牛对马，犬对猫，旨酒对嘉肴。桃红对柳绿，竹叶对松梢，藜杖叟，布衣樵，北野对东郊。白驹形皎皎，黄鸟语交交。花圃春残无客到，柴门夜永有僧敲。墙畔佳人，飘扬竞把秋千舞；楼前公子，笑语争将蹴踘抛。

注释

旨：形容词，味道美好的。

藜杖：用藜（一种藤状植物）的老茎制作的拐杖。　　　　　　竞：争着。

日积月累

东坡戏辽使

相传，宋神宗年间，辽国派遣使者来中原。辽使者出一上联："三光日月星"，要宋人应对。满朝官员听了都在苦思冥想，一时都未找到合适的对句。只有苏东坡略一思索，就对出："四诗风雅颂"。东坡的对句，妙就妙在"四诗"后面虽然只有"风、雅、颂"三个名称，但《诗经》中"雅"这一部分，又可分为"大雅"和"小雅"。辽使说："我还以为是绝对呢，不想让你轻易对上了。"苏东坡说："什么绝对，我还可以补上三联呢。其一：一阵风雷雨；其二：两朝兄弟邦；其三：四德元亨利。"辽使问："《周易》里'乾'卦里的四德应该是'元、亨、利、贞'啊，怎么漏了一字？"苏东坡答："最后一字是先皇圣讳，臣不能随口念出。"原来，先皇宋仁宗名叫赵祯，祯、贞同音，属于"圣讳"，故删去一德，亦成妙对。辽使终于叹服。

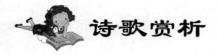 诗歌赏析

《繁星·五十三》作者：冰心

wǒ de xīn hē   jǐng xǐng zhe
我 的 心 呵 ！警 醒 着
bú yào juǎn zài xū wú de xuán wō lǐ
不 要 卷 在 虚 无 的 旋 涡 里 ！

《繁星·五十四》作者：冰心

wǒ de xīn hē
我 的 心 呵 ！
jǐng xǐng zhe
警 醒 着
bú yào juǎn zài xū wú de xuán wō lǐ
不 要 卷 在 虚 无 的 旋 涡 里 ！
wǔ sì
五 四
wǒ de péng you   qǐ lái bà
我 的 朋 友 ！起 来 罢
chén guāng lái le yào xǐ nǐ de gé yè de líng hún
晨 光 来 了 要 洗 你 的 隔 夜 的 灵 魂

第11章 四豪

古韵经典

qín duì sè　　jiàn duì dāo　　dì jiǒng duì tiān gāo　　é guān duì
琴对瑟，剑对刀，地迥对天高。峨冠对

bó dài　　zǐ shòu duì fēi páo　　jiān yì míng　　zhuó xiāng láo　　hǔ
博带，紫绶对绯袍。煎异茗，酌香醪，虎

sì duì yuán náo　　wǔ fū gōng qí shè　　yě fù wù cán sāo　　qiū
兕对猿猱。武夫攻骑射，野妇务蚕缫。秋

yǔ yì chuān qí yù zhú　　chūn fēng liǎng àn wǔ líng táo　　luó jì
雨一川淇澳竹，春风两岸武陵桃。螺髻

qīng nóng　　lóu wài wǎn shān qiān rèn　　yā tóu lù nì　　xī zhōng
青浓，楼外晚山千仞；鸭头绿腻，溪中

chūn shuǐ bàn gāo
春水半篙。

注释

迥：遥远。

茗：茶。

务：努力从事。

峨冠：峨冠，高冠。

攻：指学习、练习。

xíng duì shǎng　biǎn duì bāo　　pò fǔ duì zhēng páo　　wú tóng
刑对赏，贬对褒，破斧对征袍。梧桐

duì jú yòu　　zhǐ jí duì péng hāo　　léi huàn jiàn　　lǚ qián dāo
对橘柚，枳棘对蓬蒿。雷焕剑，吕虔刀，

gǎn lǎn duì pú táo　　yì chuán shū shè xiǎo　　bǎi chǐ jiǔ lóu gāo
橄榄对葡萄。一椽书舍小，百尺酒楼高。

lǐ bái néng shī shí bǐng bǐ　　liú líng ài jiǔ měi bù zāo　　lǐ bié
李白能诗时秉笔，刘伶爱酒每铺糟。礼别

zūn bēi　　gǒng běi zhòng xīng cháng càn càn　　shì fēn gāo xià　　cháo
尊卑，拱北众星常灿灿；势分高下，朝

dōng wàn shuǐ zì tāo tāo
东万水自滔滔。

注释

秉：持。　　　　　　　　　　　　　铺：吃、食。

拱北：拱卫环绕着北斗星。北，指北辰，即北斗星。

势：地形、地势。

guā duì guǒ　　lǐ duì táo　　quǎn zǐ duì yáng gāo　　chūn fēn
瓜对果，李对桃，犬子对羊羔。春分

duì xià zhì　　gǔ shuǐ duì shān tāo　　shuāng fèng yì　　jiǔ niú
对夏至，谷水对山涛。双凤翼，九牛

máo　　zhǔ yì duì chén láo　　shuǐ liú wú xiàn kuò　　shān sǒng yǒu yú
毛，主逸对臣劳。水流无限阔，山耸有余

gāo　　yǔ dǎ cūn tóng xīn mù lì　　chén shēng biān jiàng jiù zhēng
高。雨打村童新牧笠，尘生边将旧征

páo　　jùn shì jū guān　　róng liè yuān hóng zhī xù　　zhōng chén bào
袍。俊士居官，荣列鹓鸿之序；忠臣报

guó　　shì dān quǎn mǎ zhī láo
国，誓殚犬马之劳。

注释

俊士：杰出的人才。

鹓鸿之序：像鹓、鸿飞翔时排成的行列，喻指官员上朝的队列。

殚：尽。

 日积月累

犬子

据《史记》记载，"犬子"本是汉代文学家司马相如的小名。司马相如的父母为了小儿好养活，便特意选了一个低贱的"犬子"为之命名。司马相如长大后觉得这名字不雅，加上又仰慕蔺相如的为人，自己便更名为相如，"犬子"才成了小名。因为司马相如巨大的历史影响，后世人们便纷纷仿效，谦称自家儿郎为"犬子"。以企望自家孩子也能小时候好养活，长大有出息。"犬子"一词只能用于自谦称呼自家孩子。

诗歌赏析

《繁星·五十五》作者：冰心

chéng gōng de huā
成 功 的 花

rén men zhǐ jīng xiàn tā xiàn shí de míng yàn
人 们 只 惊 羡 她 现 时 的 明 艳！

rán ér dāng chū tā de yá ér
然 而 当 初 她 的 芽 儿

jìn tòu le fèn dòu de lèi quán
浸 透 了 奋 斗 的 泪 泉

sǎ biàn le xī shēng de xuè yǔ
洒 遍 了 牺 牲 的 血 雨

《繁星·五十六》作者：冰心

yè zhōng de yǔ
夜 中 的 雨

sī sī de zhī jiù le shī rén de qíng xù
丝 丝 地 织 就 了 诗 人 的 情 绪

第 12 章　五歌

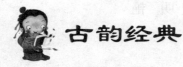

shān duì shuǐ　hǎi duì hé　xuě zhú duì yān luó　xīn huān duì
山对水，海对河，雪竹对烟萝。新欢对

jiù hèn　tòng yǐn duì gāo gē　qín zài fǔ　jiàn chóng mó　mèi
旧恨，痛饮对高歌。琴再抚，剑重磨，媚

liǔ duì kū hé　hé pán cóng yǔ xǐ　liǔ xiàn rèn fēng cuō　yǐn
柳对枯荷。荷盘从雨洗，柳线任风搓。饮

jiǔ qǐ zhī xī zuì mào　guān qí bù jué làn qiáo kē　shān sì qīng
酒岂知欹醉帽，观棋不觉烂樵柯。山寺清

yōu　zhí jù qiān xún yún lǐng　jiāng lóu hóng chǎng　yáo lín wàn
幽，直踞千寻云岭；江楼宏敞，遥临万

qǐng yān bō
顷烟波。

注释

雪竹：雪中之竹。

烟萝：青烟聚集，藤萝缠绕。

荷盘：荷叶。因为荷叶圆圆的，像盘子一样。　　　　　　　　从：任从。

柳线：细长的柳条垂下来像线一样。

繁对简，少对多，里咏对途歌。宦情对旅况，银鹿对铜驼。刺史鸭，将军鹅，玉律对金科。古堤垂骅柳，曲沼长新荷。命驾吕因思叔夜，引车蔺为避廉颇。千尺水帘，今古无人能手卷；一轮月镜，乾坤何匠用功磨。

注释

宦情：做官的想法、做官的欲望。　　旅况：旅途的情况。

律：法令、法律。　　科：法律，偏重指具体的法律条文。

骅：形容词，下垂的样子。

霜对露，浪对波，径菊对池荷。酒阑对歌罢，日暖对风和。梁父咏，楚狂歌，放鹤对观鹅。史才推永叔，刀笔仰萧何。种橘犹嫌千树少，寄梅谁信一枝多。林下风生，黄发村童推牧笠；江头日出，皓眉溪叟晒渔蓑。

注释

阑：（时间）晚、（某事）快完结了。　　　　　　　　　罢：停止、结束、免除。

 日积月累

负荆请罪

　　战国时期，廉颇是赵国有名的良将，他战功赫赫，被拜为上卿，蔺相如"完璧归赵"有功，被封为上大夫。不久，又在渑池秦王与赵王相会的时候，维护了赵王的尊严，因此也被提升为上卿，且位在廉颇之上。廉颇对此不服，扬言说："我要是见了他，一定要羞辱他一番。"蔺相如知道后，就有意不与廉颇会面。别人以为蔺相如害怕廉颇，廉颇为此很得意。

　　可是蔺相如却说："我哪里会怕廉将军？不过，现在秦国倒是有点怕我们赵国，这主要是因为有廉将军和我两个人在。如果我跟他互相攻击，那只能对秦国有益。我之所以避开廉将军，是以国事为重，把私人的恩怨丢一边儿了！"这话传到了廉颇耳朵里，廉颇十分感动，便光着上身，背负荆杖，来到蔺相如家请罪。他羞愧地对蔺相如说："我真是一个糊涂人，想不到你能这样的宽宏大量！"两个人终于结成誓同生死的朋友。

诗歌赏析

《繁星·五十七》作者：冰心

<ruby>冷<rt>lěng</rt></ruby> <ruby>静<rt>jìng</rt></ruby> <ruby>的<rt>de</rt></ruby> <ruby>心<rt>xīn</rt></ruby> ，

<ruby>在<rt>zài</rt></ruby> <ruby>任<rt>rèn</rt></ruby> <ruby>何<rt>hé</rt></ruby> <ruby>环<rt>huán</rt></ruby> <ruby>境<rt>jìng</rt></ruby> <ruby>里<rt>lǐ</rt></ruby>

<ruby>都<rt>dōu</rt></ruby> <ruby>能<rt>néng</rt></ruby> <ruby>建<rt>jiàn</rt></ruby> <ruby>立<rt>lì</rt></ruby> <ruby>了<rt>le</rt></ruby> <ruby>更<rt>gèng</rt></ruby> <ruby>深<rt>shēn</rt></ruby> <ruby>微<rt>wēi</rt></ruby> <ruby>的<rt>de</rt></ruby> <ruby>世<rt>shì</rt></ruby> <ruby>界<rt>jiè</rt></ruby>

《繁星·五十八》作者：冰心

<ruby>不<rt>bú</rt></ruby> <ruby>要<rt>yào</rt></ruby> <ruby>羡<rt>xiàn</rt></ruby> <ruby>慕<rt>mù</rt></ruby> <ruby>小<rt>xiǎo</rt></ruby> <ruby>孩<rt>hái</rt></ruby> <ruby>子<rt>zi</rt></ruby>

<ruby>他<rt>tā</rt></ruby> <ruby>们<rt>men</rt></ruby> <ruby>的<rt>de</rt></ruby> <ruby>知<rt>zhī</rt></ruby> <ruby>识<rt>shí</rt></ruby> <ruby>都<rt>dōu</rt></ruby> <ruby>在<rt>zài</rt></ruby> <ruby>后<rt>hòu</rt></ruby> <ruby>头<rt>tou</rt></ruby> <ruby>呢<rt>ne</rt></ruby>

<ruby>烦<rt>fán</rt></ruby> <ruby>闷<rt>mèn</rt></ruby> <ruby>也<rt>yě</rt></ruby> <ruby>已<rt>yǐ</rt></ruby> <ruby>经<rt>jīng</rt></ruby> <ruby>隐<rt>yǐn</rt></ruby> <ruby>隐<rt>yǐn</rt></ruby> <ruby>的<rt>de</rt></ruby> <ruby>来<rt>lái</rt></ruby> <ruby>了<rt>le</rt></ruby>

第四单元　声律启蒙

　　《声律启蒙》是训练儿童应对、掌握声韵格律的启蒙读物，分为上、下两卷。按韵分编，包罗天文、地理、花木、鸟兽、人物、器物等的虚实应对。从单字对、双字对、三字对、五字对、七字对到十一字对，声韵协调，朗朗上口，从中得到语音、词汇、修辞的训练。从单字到多字的层层属对，读起来如唱歌般。较之其他全用三言、四言句式而言更见韵味。这类读物，在启蒙读物中独具一格，经久不衰。

第13章 六麻

古韵经典

松对柏，缕对麻，蚁阵对蜂衙。赪鳞对白鹭，冻雀对昏鸦，白堕酒，碧沉茶，品笛对吹笳。秋凉梧堕叶，春暖杏开花。雨长苔痕侵壁砌，月移梅影上窗纱。飒飒秋风，度城头之筚篥；迟迟晚照，动江上之琵琶。

注释

缕：丝线。

蚁阵：蚂蚁迁徙时队列整齐，故称蚁阵。

赪鳞：红色的鱼。赪，红色。鳞，代指鱼。

yōu duì liè　　tū duì wā　　　cuì zhú duì huáng huā　　sōng shān
优对劣，凸对凹，翠竹对黄花。松杉

duì qǐ zǐ　　shū mài duì sāng má　　shān bú duàn　　shuǐ wú yá
对杞梓，菽麦对桑麻。山不断，水无涯，

zhǔ jiǔ duì pēng chá　　yú yóu chí miàn shuǐ　　lù lì àn tóu shā
煮酒对烹茶。鱼游池面水，鹭立岸头沙。

bǎi mǔ fēng fān táo lìng shú　　yì qí yǔ shú shào píng guā　　xián pěng
百亩风翻陶令秫，一畦雨熟邵平瓜。闲捧

zhú gēn　　yǐn lǐ bái yì hú zhī jiǔ　　ǒu qíng tóng yè　　chuò lú
竹根，饮李白一壶之酒；偶擎桐叶，啜卢

tóng qī wǎn zhī chá
仝七碗之茶。

注释

凹：四周高中间低。　　　　　　　　　　　　菽：豆类的总称。

竹根：一种盛酒的器具。　　　　　　　　　　擎：向上托举。

桐叶：一种盛茶的器具。　　　　　　　　　　啜：饮。

wú duì chǔ　　shǔ duì bā　　luò rì duì liú xiá　　jiǔ qián duì
吴对楚，蜀对巴，落日对流霞。酒钱对

shī zhài　　bǎi yè duì sōng huā　　chí yì jì　　fàn xiān chá　　bì
诗债，柏叶对松花。驰驿骑，泛仙槎，碧

yù duì dān shā　　shè qiáo piān sòng sǔn　　kāi dào jìng huán guā　　chǔ
玉对丹砂。设桥偏送笋，开道竟还瓜。楚

guó dà fū chén mì shuǐ　　luò yáng cái zǐ zhé cháng shā　　shū qiè
国大夫沉汨水，洛阳才子谪长沙。书箧

qín náng　　nǎi shì liú huó jì　　yào lú chá dǐng　　shí xián kè shēng
琴囊，乃士流活计；药炉茶鼎，实闲客生

yá
涯。

注释

仙槎：仙人乘坐的木筏。

士流：读书人。

筬：竹质的箱子，古人多用以装书。

活计：借以谋生的用具或手段。

 日积月累

开道竟还瓜

晋人桑虞，字子深，有瓜园在宅北几里之外。瓜果刚成熟，有人翻进围墙偷瓜。桑虞知道后，想到墙头插有防盗的荆棘，小偷如果被人发现而逃跑，则有可能被刺伤，便命令看瓜的奴仆挖开墙，替偷瓜的人开出一条逃跑的路。小偷知道后，向桑虞叩头请罪，并归还所偷之瓜，而桑虞却将瓜都送给了偷瓜人。

 诗歌赏析

《繁星·五十九 》作者：冰心

shuí xìn yí gè xiǎo　　xīn　　de wū yè
谁 信 一 个 小 " 心 " 的 呜 咽

chàn dòng le shì jiè
颤 动 了 世 界

rán ér tā shì líng hún hǎi zhōng de yì dī
然 而 他 是 灵 魂 海 中 的 一 滴

《繁星·六十 》作者：冰心

qīng yún dàn yuè de yǐng lǐ
轻 云 淡 月 的 影 里

fēng chuī shù shāo
风 吹 树 梢 ——

nǐ yào zài nà shí
你 要 在 那 时

chuàng zào nǐ de rén gé
创 造 你 的 人 格

215

第 14 章　七阳

 古韵经典

gāo duì xià　　duǎn duì cháng　　liǔ yǐng duì huā xiāng　　cí
高 对 下 ， 短 对 长 ， 柳 影 对 花 香 。 词

rén duì fù kè　　wǔ dì duì sān wáng　　shēn yuàn luò　　xiǎo chí
人 对 赋 客 ， 五 帝 对 三 王 。 深 院 落 ， 小 池

táng　　wǎn tiào duì chén zhuāng　　jiàng xiāo táng dì diàn　　lǜ yě jìn
塘 ， 晚 眺 对 晨 妆 。 绛 霄 唐 帝 殿 ， 绿 野 晋

gōng táng　　hán jí xiè zhuāng yī shàng xuě　　qiū tiān pān yuè bìn biān
公 堂 。 寒 集 谢 庄 衣 上 雪 ， 秋 添 潘 岳 鬓 边

shuāng　　rén yù lán tāng　　shì bù wàng yú duān wǔ　　kè zhēn jú
霜 。 人 浴 兰 汤 ， 事 不 忘 于 端 午 ； 客 斟 菊

jiǔ　　xìng cháng jì yú chóng yáng
酒 ， 兴 常 记 于 重 阳 。

注释

五帝：传说中上古的五位贤明的帝君。　　　　兰汤：用兰草熬出的热水。

尧对舜，禹对汤，晋宋对隋唐。奇花对异卉，夏日对秋霜。八叉手，九回肠，地久对天长。一堤杨柳绿，三径菊花黄。闻鼓塞兵方战斗，听钟宫女正梳妆。春饮方归，纱帽半淹邻舍酒；早朝初退，衮衣微惹御炉香。

注释

卉：百草的总名。

八叉手：将两手相拱八次。此处指温庭筠，他每次参加考试，叉手构思，叉手八次而成八韵。时号"温小叉"。

塞兵：守卫边塞的士兵。　　　　　钟：佛寺早撞钟、暮击鼓以报时。

荀对孟，老对庄，彈柳对垂杨。仙宫对梵宇，小阁对长廊。风月窟，水云乡，蟋蟀对螳螂。暖烟香霭霭，寒烛影煌煌。伍子欲酬渔父剑，韩生尝窃贾公香。三月韶光，常忆花明柳媚；一年好景，难忘橘绿橙黄。

注释

荀：指荀子。　　　　　　　　　　　　　霭霭：香气浓烈馥郁的样子。

煌煌：明亮的样子。

日积月累

伍子欲酬渔父剑

伍子指伍员（字子胥），春秋时楚国人，其父伍奢、其兄伍尚都被楚平王杀害，他亦遭追杀。伍子胥逃至江边，追兵已至，江上有一渔夫渡他过江，得以逃脱。伍子胥解下宝剑，说"这把剑价值百金，送给您。"渔夫说："楚国悬赏追捕你，赏金为五万石粮食，还授予'执圭'的爵位，难道还抵不过这价值百金的剑吗？"渔夫没有接受他的宝剑。

 诗歌赏析

《繁星·六十一》作者：冰

fēng hē
风 呵！
bú yào chuī miè wǒ shǒu zhōng de là zhú
不 要 吹 灭 我 手 中 的 蜡 烛
wǒ de jiā yuǎn zài zhè hēi àn cháng tú de jìn chù
我 的 家 远 在 这 黑 暗 长 途 的 尽 处

《繁星·六十二》作者：冰心

zuì chén mò de yī chà nà qǐng
最 沉 默 的 一 刹 那 顷
shì tí bǐ zhī hòu
是 提 笔 之 后
xià bǐ zhī qián
下 笔 之 前

219

第 15 章　八庚

 古韵经典

shēn duì qiǎn　zhòng duì qīng　yǒu yǐng duì wú shēng　fēng yāo
深对浅，重对轻，有影对无声。蜂腰
duì dié chì　sù zuì duì yú chéng　tiān běi quē　rì dōng shēng
对蝶翅，宿醉对余酲。天北缺，日东生，
dú wò duì tóng xíng　hán bīng sān chǐ hòu　qiū yuè shí fēn míng
独卧对同行。寒冰三尺厚，秋月十分明。
wàn juàn shū róng xián kè lǎn　yì zūn jiǔ dài gù rén qīng　xīn chǐ
万卷书容闲客览，一樽酒待故人倾。心侈
táng xuán　yàn kàn ní cháng zhī qǔ　yì jiāo chén zhǔ　bǎo wén yù
唐玄，厌看霓裳之曲；意骄陈主，饱闻玉
shù zhī gēng
树之赓。

注释

宿醉：醉酒之后经一夜尚未清醒的余醉。

余酲：残余的醉意。酲，喝醉了酒。

赓：唱和。

xū duì shí　sòng duì yíng　hòu jiǎ duì xiān gēng　gǔ qín duì
虚对实，送对迎，后甲对先庚。鼓琴对

shě sè　bó hǔ duì qí jīng　jīn kē zā　yù cōng chēng　yù
舍瑟，搏虎对骑鲸。金匼匝，玉璁琤，玉

yǔ duì jīn jīng　huā jiān shuāng fěn dié　liǔ nèi jǐ huáng yīng
宇对金茎。花间双粉蝶，柳内几黄莺。

pín lǐ měi gān lí huò wèi　zuì zhōng yàn tīng guǎn xián shēng　cháng
贫里每甘藜藿味，醉中厌听管弦声。肠

duàn qiū guī　liáng chuī yǐ qīn chóng bèi lěng　mèng jīng xiǎo zhěn
断秋闺，凉吹已侵重被冷；梦惊晓枕，

cán chán yóu zhào bàn chuāng míng
残蟾犹照半窗明。

注释

匼匝：联绵词，周绕重叠的样子。　　　藜藿：穷人所吃的两种野菜。

凉吹：凉风。　　　　　　　　　　　　重：多层、几层。

残蟾：残月。

yú duì liè　diào duì gēng　yù zhèn duì jīn shēng　zhì chéng
渔对猎，钓对耕，玉振对金声。雉城

duì yàn sài　liǔ niǎo duì kuí qīng　chuī yù dí　nòng yín shēng
对雁塞，柳袅对葵倾。吹玉笛，弄银笙，

ruǎn zhàng duì huán zhēng　mò hū sōng chǔ shì　zhǐ hào chǔ xiān
阮杖对桓筝。墨呼松处士，纸号楮先

shēng　lù yì hǎo huā pān yuè xiàn　fēng cuō xì liǔ yà fū yíng
生。露浥好花潘岳县，风搓细柳亚夫营，

fǔ dòng qín xián　jù jué zuò zhōng fēng yǔ zhì　é chéng shī
抚动琴弦，遽觉座中风雨至；哦成诗

jù　yīng zhī chuāng wài guǐ shén jīng
句，应知窗外鬼神惊。

注释

渔：打鱼，动词。

袅：细长柔弱的样子。

雉城：城墙。

葵倾：属菊科草本植物的葵类，有向日的特性，花总是倾向于太阳的方向。

 ## 日积月累

哦成诗句

春秋时，卫灵公去会见晋平公，平公在施夷之台宴请他。两人谈论关于音乐的事情，平公便令晋国最有名的乐工师旷演奏声调最凄悲的清角之声，师旷不肯演奏，平公再三要求，于是"师旷不得已而鼓之"。弹了一曲，便有黑云从西北方涌出；弹第二曲，"大风至，大雨随之"，吹裂了帷幕，吹破了盛食物的器皿，吹毁了房上的瓦片，宾客都跑散了，平公也吓得趴在地上。

《繁星·六十三 》作者：冰心

zhǐ diǎn wǒ bà
指 点 我 罢

wǒ de péng you
我 的 朋 友 ！

wǒ shì héng hǎi de yàn zi
我 是 横 海 的 燕 子

yào xún mì gé shuǐ de wō cháo
要 寻 觅 隔 水 的 窝 巢

《繁星·六十四 》作者：冰心

cōng míng rén
聪 明 人 ！

yào dī fáng de shì
要 提 防 的 是

yōu yù shí de wén zì
忧 郁 时 的 文 字

yú kuài shí de yán yǔ
愉 快 时 的 言 语

第16章 九青

古韵经典

红对紫，白对青，渔火对禅灯。唐诗对汉史，释典对仙经。龟曳尾，鹤梳翎，月榭对风亭。一轮秋夜月，几点晓天星。晋士只知山简醉，楚人谁识屈原醒。绣倦佳人，慵把鸳鸯文作枕；吮毫画者，思将孔雀写为屏。

注释

翎：鸟的羽毛。

榭：在土台上建的高屋。

佳人：漂亮的人，多用于女子。

慵：懒散。

文：作动词用，此处是绣出花纹的意思。

行对坐，醉对醒，佩紫对纡青。棋枰对笔架，雨雪对雷霆。狂蛱蝶，小蜻蜓，水岸对沙汀。天台孙绰赋，剑阁孟阳铭。传信子卿千里雁，照书车胤一囊萤。冉冉白云，夜半高遮千里月；澄澄碧水，宵中寒映一天星。

注释

佩紫：佩紫，身佩紫色的印绶。　　棋枰：围棋的棋盘。

蛱蝶：蝴蝶的一种，也可泛指蝴蝶。

书对史，传对经，鹦鹉对鹡鸰。黄茅对白荻，绿草对青萍。风绕铎，雨淋铃，水阁对山亭。渚莲千朵白，岸柳两行青。汉代宫中生秀柞，尧时阶畔长祥蓂。一枰决胜，棋子分黑白；半幅通灵，画色间丹青。

注释

鹎鸰：鸟名，是一种体态类似麻雀，经常在水边觅食的小鸟。

铎：一种古乐器。　　　　　　　　　　　　　　　间：分开、隔开。

 日积月累

囊萤映雪

晋代时，车胤从小好学不倦，但因家境贫困，父亲无法为他提供良好的学习环境。为了维持温饱，没有多余的钱买灯油供他晚上读书。为此，他只能利用白天的时间背诵诗文。夏天的一个晚上，他正在院子里背一篇文章，忽然见许多萤火虫在低空中飞舞。一闪一闪的光点，在黑暗中显得有些耀眼。他想，如果把许多萤火虫集中在一起，不就成为一盏灯了吗？于是，他去找了一只白绢口袋，随即抓了几十只萤火虫放在里面，再扎住袋口，把它吊起来。虽然不怎么明亮，但可勉强用来看书了。从此，只要有萤火虫，他就去抓一把来当作灯用。由于他勤学好问，后来终有成就，官至吏部尚书。

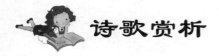

《繁星·六十五》作者：冰心

zào wù zhě hē
造物者呵！
shuí néng zhuī zōng nǐ de bǐ yì ne
谁能追踪你的笔意呢
bǎi qiān wàn fú tú huà
百千万幅图画
měi wǎn chuāng wài de luò rì
每晚窗外的落日

《繁星·六十六》作者：冰心

shēn lín lǐ de huáng hūn
深林里的黄昏
shì dì yī cì me
是第一次么
yòu hǎo sì shì jǐ shí jīng lì guò
又好似是几时经历过

教｜育｜知｜库

雅韵华章·经典诵读（下）

贾向华——

主编

光明日报出版社

《雅韵华章·经典诵读》
下册

顾　问：刘胜田　郑助山　张立满　王淑玲

主　编：贾向华

审　定：崔建红　刘海娟

编　委：毕雪梅　董凯云　高克军　李　静

栗欣淼　李亚萍　刘胜强　王丽丽

刘秀新　卢雪莲　宋　敏　王向飞

王妍妍　杨　媛　赵春蕾　周学颖

张淑英

（排名不分先后，按姓氏拼音排序）

总　序

习近平总书记曾说过："中国传统文化博大精深，学习和掌握其中的各种思想精华，对树立正确的世界观、人生观、价值观很有益处……学史可以看成败、鉴得失、知兴替；学诗可以情飞扬、志高昂、人灵秀；学伦理可以知廉耻、懂荣辱、辨是非。"这番话充分体现了中华优秀传统文化对学习者的重要意义。

南堡实小努力坚持学校特色办学，始终秉承"立德树人，培养大雅之人"的教育理念，关注学生德、智、体、美、劳的全方面发展。"国学经典诵读"即为落实我校教育理念的重要载体。为更好地发挥唐山市"中小学德育工作先进集体"以及曹妃甸区"中华经典诵读示范单位"的示范辐射作用，我校用心创办了本套校本课程，我们意欲通过课程设计，使日常诵读活动在内容和进度上有章可循。利用课程分级管理的体制，优化学校课程结构，充分发挥学校及家庭教育资源的功能，促进学生的发展。

我们的孩子，会通过读经典，成为孝顺父母，懂礼貌，知礼仪，有教养的人。他们的生活品位和人生内涵会在更高的起点上迈步；我们的孩子，会通过读经典，逐渐形成内心宁静安祥的良好读书习惯，从而提高学习的效率和质量；我们的孩子，会通过读经典，在潜移默化中提高阅读文言文的能力，扫除文言文障碍，从而为考大学、做学问、干事业奠定良好的基础；我们的孩子，会通过读经典，从小树立"修身齐家治国平天下""立功、立言、立德"等人生志向，从而懂得责任担当，懂得如何更好地实现人生的幸福和成功。

声律启蒙

三年级（上）

1

朱子家训　诫子书

三年级（下）

宋 词

四年级（上）

宋 词

四年级（下）

声律启蒙

三年级（上）

第一单元　声律启蒙

　　《声律启蒙》是训练儿童应对、掌握声韵格律的启蒙读物，分为上下卷。按韵分编，包括天文、地理、花木、鸟兽、人物、器物等的虚实应对。从单字对、双字对、三字对、五字对、七字对到十一字对，声韵协调，朗朗上口，儿童可从中得到语音、词汇、修辞的训练。从单字到多字的层层属对，读起来，如唱歌般悦耳。较之其他三言、四言句式更见韵味。这类读物，在启蒙读物中独具一格，经久不衰。

第1课　十蒸

古韵经典

　　新对旧，降对升，白犬对苍鹰。葛巾对藜杖，涧水对池冰。张兔网，挂鱼罾，燕雀对鹍鹏。炉中煎药火，窗下读书灯。织锦逐梭成舞凤，画屏误笔作飞蝇。宴客刘公，座上满斟三雅爵；迎仙汉帝，宫中高插九光灯。

　　儒对士，佛对僧，面友对心朋。春残对夏老，夜寝对晨兴。千里马，九霄鹏，霞蔚对云蒸。寒堆阴岭雪，春泮水

chí bīng。yà fù fèn shēng zhuàng yù dǒu，zhōu gōng shì sǐ zuò
池冰。亚父愤生撞玉斗，周公誓死作

jīn téng。jiāng jūn yuán huī，mò guài rén jī wéi è hǔ；shì
金縢。将军元晖，莫怪人讥为饿虎；侍

zhōng lú chǎng，nán táo shì hào zuò jī yīng
中卢昶，难逃世号作饥鹰。

guī duì jǔ，mò duì shéng，dú bù duì tóng dēng。yín
规对矩，墨对绳，独步对同登。吟

é duì fěng yǒng，fǎng yǒu duì xún sēng。fēng rào wū，shuǐ xiāng
哦对讽咏，访友对寻僧。风绕屋，水襄

líng，zǐ hú duì cāng yīng。niǎo hán jīng yè yuè，yú nuǎn shàng
陵，紫鹄对苍鹰。鸟寒惊夜月，鱼暖上

chūn bīng。yáng zǐ kǒu zhōng fēi bái fèng，hé láng bí shàng jí
春冰。扬子口中飞白凤，何郎鼻上集

qīng yíng。jù lǐ yuè chí，fān jǐ chóng zhī mì zǎo；diān yuán
青蝇。巨鲤跃池，翻几重之密藻；颠猿

yǐn jiàn，guà bǎi chǐ zhī chuí téng
饮涧，挂百尺之垂藤。

注释

1. 葛巾：古时用葛布做的头巾。

2. 罾（音增）：古代一种用木棍或竹竿做支架的方形渔网。

3. 鹍（音坤）鹏：传说中的大鸟名。

4. 画屏误笔作飞蝇：三国时曹丕画屏风，不慎落了一墨点在上面，因而就这点墨画了一只小苍蝇，孙权用手弹他，以为是一只真苍蝇。

5. 宴客刘公，座上满斟三雅爵：刘表有大中小三种酒具，大者"伯雅"、次者"仲雅"、小者"季雅"，供宾客随意取用。

6. 面友：貌合神离的朋友。

7. 泮（音畔）：消解，消散。

8. 将军元晖：北魏将军元晖，贪婪专横，人称之为"饿虎将军"。

9. 侍中卢昶：北魏侍中卢昶，贪得无厌，人称之为"饥鹰侍中"。

10. 水襄陵：谓大水漫上丘陵。

11. 鹄（音胡）：水鸟，形状像鹅，体形较鹅大，鸣声洪亮，善飞，吃植物、昆虫等（亦称"天鹅"）。

12. 颠猿：倒挂着的猿猴。

 日积月累

连梦青蝇

何晏宴请神算管辂，对管辂说："听说您算卦神妙，请试卜一卦，看看我的官位会不会到三公。"又问："近日连续几次梦见十几只苍蝇落在鼻子上，怎么挥赶都不肯飞，这是什么征候？"管辂说："我心非草木，怎么敢不进忠言。您掌握重权，身居高位，势如雷电，但真正能感念您的德行的人很少，很多人是惧怕您，而今青蝇臭恶都云集其上了。所以您要小心谨慎，多行仁义。高而不危，才能长守富贵。位高之人，跌得也狠，不能不考虑物极必反、盛极必衰的道理。天下没有损己利人而得到众人爱戴的事，也没有为非作歹而不败亡的事。愿您追思，这样就可以做官到三公，青蝇也可以驱散了。"

 诗歌赏析

舒婷诗集之《会唱歌的鸢尾花》节选

我的忧伤因为你的照耀

升起一圈淡淡的光轮

在你的胸前

我已变成会唱歌的鸢尾花

你呼吸的轻风吹动我

在一片叮当响的月光下

用你宽宽的手掌

暂时覆盖我吧

现在我可以做梦了吗

雪地

大森林

古老的风铃和斜塔

我可以要一株真正的圣诞树吗

上面挂满溜冰鞋

神笛和童话

焰火

喷泉般炫耀欢乐

我可以大笑着在街道上奔跑吗

不要问我

为什么在梦中微微转侧

往事

像躲在墙角的蛐蛐

小声而固执地呜咽着

让我做个宁静的梦吧

不要离开我

第2课　十一尤

 古韵经典

róng duì rǔ　　xǐ duì yōu　　yè yàn duì chūn yóu　　yān guān
荣对辱，喜对忧，夜宴对春游。燕关

duì chǔ shuǐ　　shǔ quǎn duì wú niú　　chá dí shuì　　jiǔ xiāo chóu
对楚水，蜀犬对吴牛。茶敌睡，酒消愁，

qīng yǎn duì bái tóu　　mǎ qiān xiū shǐ jì　　kǒng zǐ zuò chūn qiū
青眼对白头。马迁修史记，孔子作春秋。

shì xìng zǐ yóu cháng fàn zhào　　sī guī wáng càn qiáng dēng lóu
适兴子猷常泛棹，思归王粲强登楼。

chuāng xià jiā rén　　zhuāng bà chóng jiāng jīn chā bìn　　yán qián
窗下佳人，妆罢重将金插鬓；筵前

wǔ jì　　qǔ zhōng hái yào jǐn chán tóu
舞妓，曲终还要锦缠头。

chún duì chǐ　　jiǎo duì tóu　　cè mǎ duì qí niú　　háo jiān
唇对齿，角对头，策马对骑牛。毫尖

duì bǐ dǐ　　qǐ gé duì diāo lóu　　yáng liǔ àn　　dí lú zhōu
对笔底，绮阁对雕楼。杨柳岸，荻芦洲，

yǔ yàn duì tí jiū　　kè chéng jīn luò mǎ　　rén fàn mù lán zhōu
语燕对啼鸠。客乘金络马，人泛木兰舟。

绿野耕夫春举耜，碧池渔父晚垂钩。波浪千层，喜见蛟龙得水；云霄万里，惊看雕鹗横秋。

庵对寺，殿对楼，酒艇对渔舟。金龙对彩凤，豮豕对童牛。王郎帽，苏子裘，四季对三秋。峰峦扶地秀，江汉接天流。一湾绿水渔村小，万里青山佛寺幽。龙马呈河，羲皇阐微而画卦；神龟出洛，禹王取法以陈畴。

注释

1.蜀犬：《韵府》载，蜀之南，恒雨少日，日出则犬吠。谓蜀犬吠日。吴牛：《风俗通》载，吴地的牛在太阳下辛勤耕作，故见月亮亦喘气。称为吴牛喘月。

2.史记：司马迁因李陵遭难，乃作《史记》。

3.春秋：孔子因鲁史修订《春秋》。

4.登楼：《姓氏谱》载，东汉末王粲，字仲卿，刘表欲妻以女，嫌其貌丑，乃妻其弟恺。粲思归，遂作《登楼赋》。

5. 锦缠头：杜牧《赠妓》诗，"笑时花近眼，舞罢锦缠头"。古代歌舞艺人表演时，以锦缠头，演毕，客以罗锦为赠，称缠头。

金络马：饰马首以金络。

6. 木兰舟：用木兰树木作舟。后作为船之美称。

 ## 日积月累

蛟龙得水

　　北魏时期，朝廷决定南征，急需将才，尚书李冲受命挑选将领。小官吏杨大眼要求率军出征，李冲认为他的资历不够，杨大眼当众展示武艺，捷走如飞，他高强的武艺征服了李冲，当即被任命为主帅，取得了很大的胜利，让他蛟龙得水。

 ## 诗歌赏析

舒婷诗集之《祖国啊 我亲爱的祖国》节选

我是你河边上破旧的老水车

数百年来纺着疲惫的歌

我是你额上熏黑的矿灯

照你在历史的隧洞里蜗行摸索

我是干瘪的稻穗，是失修的路基

是淤滩上的驳船

把纤绳深深

勒进你的肩膊

——祖国啊！

我是贫困

我是悲哀

我是你祖祖辈辈

痛苦的希望啊

是"飞天"袖间

千百年来未落到地面的花朵

第3课 十二浸

 古韵经典

méi duì mù　kǒu duì xīn　jǐn sè duì yáo qín　xiǎo
眉对目，口对心，锦瑟对瑶琴。晓

gēng duì hán diào　wǎn dí duì qiū zhēn　sōng yù yù　zhú sēn
耕对寒钓，晚笛对秋砧。松郁郁，竹森

sēn　mǐn sǔn duì zēng shēn　qín wáng qīn jī fǒu　yú dì zì
森，闵损对曾参。秦王亲击缶，虞帝自

huī qín　sān xiàn biàn hé cháng qì yù　sì zhī yáng zhèn gù cí
挥琴。三献卞和尝泣玉，四知杨震固辞

jīn　jì jì qiū zhāo　tíng yè yīn shuāng cuī nèn sè　chén chén
金。寂寂秋朝，庭叶因霜摧嫩色；沉沉

chūn yè　qì huā suí yuè zhuǎn qīng yīn
春夜，砌花随月转清阴。

qián duì hòu　gǔ duì jīn　yě shòu duì shān qín　jiàn
前对后，古对今，野兽对山禽。犍

niú duì pìn mǎ　shuǐ qiǎn duì shān shēn　zēng diǎn sè　dài kuí
牛对牝马，水浅对山深。曾点瑟，戴逵

qín　pú yù duì hún jīn　yàn hóng huā nòng sè　nóng lǜ liǔ
琴，璞玉对浑金。艳红花弄色，浓绿柳

fū yīn　　　bù yǔ tāng wáng fāng jiǎn zhuǎ　　　yǒu fēng chǔ zǐ zhèng
敷 阴。不 雨 汤 王 方 剪 爪，有 风 楚 子 正

pī jīn　　　shū shēng xī zhuàng suì sháo huá　　　cùn yīn chǐ bì　　　yóu
披 襟。书 生 惜 壮 岁 韶 华，寸 阴 尺 璧，游

zǐ ài liáng xiāo guāng jǐng　　　yí kè qiān jīn
子 爱 良 宵 光 景，一 刻 千 金。

sī duì zhú　　jiàn duì qín　　　sù zhì duì dān xīn　　　qiān chóu
丝 对 竹，剑 对 琴，素 志 对 丹 心。千 愁

duì yí zuì　　　hǔ xiào duì lóng yín　　　zǐ hǎn yù　　　bù yí jīn
对 一 醉，虎 啸 对 龙 吟。子 罕 玉，不 疑 金，

wǎng gǔ duì lái jīn　　　tiān hán zōu chuī lǜ　　　suì hàn fù wéi lín
往 古 对 来 今。天 寒 邹 吹 律，岁 旱 傅 为 霖。

qú shuō zǐ guī wéi dì pò　　　nóng zhī kǒng què shì jiā qín　　　qū zǐ
渠 说 子 规 为 帝 魄，侬 知 孔 雀 是 家 禽。屈 子

chén jiāng　　　chù chù zhōu zhōng zhēng xì zòng　　　niú láng dù zhǔ
沉 江，处 处 舟 中 争 系 粽；牛 郎 渡 渚，

jiā jiā tái shàng jìng chuān zhēn
家 家 台 上 竞 穿 针。

注释

1. 闵损：字子骞。

2. 曾参：字子舆。二人均为孔子弟子。

3. 泣玉：卞和献玉于楚王，三献而两刖其足，和抱玉而泣。

4. 辞金：《韵府》载，杨震为太守，人奉以金，不受。

5. 犊牛：阉过的牛。

6. 牝马：母马。

7. 曾点瑟：《论语·先进》载，孔子问曾点志向，曾停瑟作答，极为孔子赏识。

8. 璞玉：《晋书》载，山涛为人厚重，人拟为璞玉浑金。

9. 剪爪：汤时大旱，汤剪爪发祷于桑林，以六事自责，乃雨。

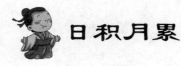

秦王击缶

　　秦王喝酒喝得高兴时说："我私下听说赵王喜好音乐，请赵王弹弹瑟吧！"赵王就弹起瑟来。秦国的史官走上前来写道："某年某月某日，秦王与赵王会盟饮酒，命令赵王弹瑟。"蔺相如走上前去说："赵王私下听说秦王善于演奏秦地的乐曲，请允许我献盆缶给秦王（请秦王敲一敲），借此互相娱乐吧！"秦王发怒，不肯敲缶。在这时，蔺相如走上前去献上一个瓦缶，趁势跪下请求秦王敲击。秦王不肯敲击瓦缶。蔺相如说："（如大王不肯敲缶）在五步距离内，我能够把自己颈项里的血溅在大王身上！"秦王身边的侍从要用刀杀蔺相如，蔺相如怒视着他们，他们都被吓退了。于是秦王很不高兴，为赵王敲了一下瓦缶。蔺相如回头召唤赵国史官写道："某年某月某日，秦王为赵王击缶。"秦国的众大臣说："请赵王用赵国的十五座城来给秦王献礼。"蔺相如也说："请把秦国的都城咸阳送给赵王献礼。"

舒婷诗集之《四月的黄昏》

四月的黄昏里

流曳着一组组绿色的旋律

在峡谷低回

在天空游移

要是灵魂里溢满了回响

又何必苦苦寻觅

要歌唱你就歌唱吧，但请

轻轻，轻轻，温柔地

四月的黄昏

仿佛一段失而复得的记忆

也许有一个约会

至今尚未如期

也许有一次热恋

而不能相许

要哭泣你就哭泣吧，让泪水

流啊，流啊，默默地

第二单元　声律启蒙

　　《声律启蒙》是训练儿童应对、掌握声韵格律的启蒙读物，分为上下卷。按韵分编，包括天文、地理、花木、鸟兽、人物、器物等的虚实应对。从单字对、双字对、三字对、五字对、七字对到十一字对，声韵协调，朗朗上口，儿童可从中得到语音、词汇、修辞的训练。从单字到多字的层层属对，读起来，如唱歌般悦耳。较之其他三言、四言句式更见韵味。这类读物，在启蒙读物中独具一格，经久不衰。

第4课　十三覃

古韵经典

千对百，两对三，地北对天南。佛堂对仙洞，道院对禅庵。山泼黛，水浮蓝，雪岭对云潭。凤飞方翙翙，虎视已眈眈。窗下书生时讽咏，筵前酒客日耽酣。白草满郊，秋日牧征人之马；绿桑盈亩，春时供农妇之蚕。

将对欲，可对堪，德被对恩覃。权衡对尺度，雪寺对云庵。安邑枣，洞庭柑，不愧对无惭。魏徵能直谏，王衍善清谈。紫梨摘去从山北，丹荔传来自海南。攘鸡非君子所为，但当月一；养狙是山公之智，止用朝三。

中 对 外， 北 对 南， 贝 母 对 宜 男。 移 山
对 浚 井， 谏 苦 对 言 甘。 千 取 百， 二 为 三，
魏 尚 对 周 堪。 海 门 翻 夕 浪， 山 市 拥 晴
岚。 新 缔 直 投 公 子 纻， 旧 交 犹 脱 馆 人 骖。
文 达 淹 通， 已 咏 冰 兮 寒 过 水； 永 和 博
雅， 可 知 青 者 胜 于 蓝。

注释

1. 翙翙：鸟羽飞动之声。

2. 眈眈：贪婪而凶狠地注视。

3. 安邑枣：《史记·货殖传》载"安邑千树枣，燕秦千树栗"。

4. 洞庭柑：《广志》载"洞庭以南多产柑"。

5. 直谏：《新唐书·魏徵传》载，魏徵事太宗能直谏。

6. 清谈：西晋大臣王衍，字夷甫，尝挥麈清谈虚无，遇义理有所不当，随口更改，时称信口雌黄。

7. 紫梨：《洞真记》载，涂山有梨大如瓜，紫色，千年一花。

8. 贝母：药名。

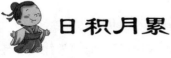

朝三暮四

宋朝有一个人在家里养了一大批猴子，大家都叫他狙公。狙公懂得猴子的心理，猴子也了解他的话，因此，他更加地疼爱这些能通人语的小

动物，经常缩减家中的口粮，来满足猴子的食粮。有一年，村子里闹了饥荒，狙公不得不缩减猴子的食粮，但他怕猴子们不高兴，就先和猴子们商量，他说："从明天开始，我每天早上给你们三颗果子，晚上再给你们四颗，好吗？"猴子们听说它们的食粮减少，都龇牙咧嘴地站了起来，表现出非常生气的样子。狙公看了，马上就改口说："这样好了，我每天早上给你们四颗，晚上再给你们三颗，够吃了吧！"猴子们听说早上已经从三颗变成了四颗，以为食粮增加了，都高兴地一起趴在地上，不再闹了。

泰戈尔诗集之《花的学校》

当雷云在天上轰响，六月的阵雨落下的时候，湿润的东风走过荒野，在竹林中吹着口笛。

于是一群一群的花从无人知道的地方突然跑出来，在绿草上狂欢地跳着舞。

妈妈，我真的觉得那群花朵是在地下的学校里上学。

他们关了门做功课，如果他们想在散学以前出来游戏，他们的老师是要罚他们站壁角的。

雨一来，他们便放假了。

树枝在林中互相碰触着，绿叶在狂风里萧萧地响着，雷云拍着大手，花孩子们便在那时候穿了紫的、黄的、白的衣裳，冲了出来。

你可知道，妈妈，他们的家是在天上，在星星所住的地方。

你没有看见他们怎样地急着要到那儿去吗？你不知道他们为什么那样急急忙忙吗？

我自然能够猜出他们是对谁扬起双臂来：他们也有他们的妈妈，就像我有我自己的妈妈一样。

第5课 十四盐

 古韵经典

悲对乐，爱对嫌，玉兔对银蟾。醉侯对诗史，眼底对眉尖。风飙飙，雨绵绵，李苦对瓜甜。画堂施锦帐，酒市舞青帘。横槊赋诗传孟德，引壶酌酒尚陶潜。两曜迭明，日东生而月西出；五行式序，水下润而火上炎。

如对似，减对添，绣幕对朱帘。探珠对献玉，鹭立对鱼潜。玉屑饭，水晶盐，手剑对腰镰。燕巢依邃阁，蛛网挂虚檐。夺槊至三唐敬德，弈棋第一晋王恬。南

pǔ kè guī zhàn zhàn chūn bō qiān qǐng jìng xī lóu rén qiǎo
浦客归，湛湛春波千顷净；西楼人悄，

wān wān yè yuè yì gōu xiān
弯弯夜月一钩纤。

féng duì yù yǎng duì zhān shì jǐng duì lú yán tóu
逢对遇，仰对瞻，市井对闾阎。投

zān duì jié shòu wò fà duì xiān rán zhāng xiù mù juǎn zhū
簪对结绶，握发对掀髯。张绣幕，卷珠

lián shí què duì jiāng yān xiāo zhēng fāng sù sù yè yǐn yǐ
帘，石硲对江淹。宵征方肃肃，夜饮已

yàn yàn xīn biǎn xiǎo rén cháng qī qī lǐ duō jūn zǐ lǚ qiān
厌厌。心褊小人长戚戚，礼多君子屡谦

qiān měi cì shū wén bèi sān bǎi wǔ piān shī yǒng jí xiōng yì
谦。美刺殊文，备三百五篇诗咏；吉凶异

huà biàn liù shí sì guà yáo zhān
画，变六十四卦爻占。

注释

1.玉兔、银蟾：均月之别称。

2.醉侯：唐人诗有"若使刘伶为酒帝，也许封我醉乡侯"诗句。

3.诗史：唐元稹称杜甫诗善陈时事，法律精严，号为诗史。

4.帘：酒旗。

5.横槊：《三国志》载，曹孟德破赤壁，横槊赋诗。孟德，曹操字。槊，画戟。

6.引壶：陶潜《归去来兮辞》中"引壶觞而自酌"。

7.两曜：指日、月。

8.下润：《尚书洪范》载"水曰润下，火曰炎上"。

9.探珠：骊龙事。

日积月累

谯水击蛟

曹操十岁那年，有一次在龙潭中游泳，突然遇到一条凶猛的鳄鱼。鳄鱼张牙舞爪地向曹操攻击，但曹操毫不畏惧，沉着地与鳄鱼周旋。鳄鱼无法下口，于是逃掉了。曹操回家后，没有向家人提起鳄鱼的事。后来，有个大人看见一条蛇而恐惧、畏缩，曹操大笑，天真地说："我在龙潭碰到鳄鱼都不怕，你却怕一条蛇，真是可笑！"众人询问，曹操以实相告，无不惊叹少年曹操的胆略。

 **诗歌赏析**

泰戈尔诗集之《同情》

如果我只是一只小狗，而不是你的小孩，亲爱的妈妈，当我想吃你盘里的东西时，你要向我说"不"吗？

你要赶开我，对我说道"滚开，你这淘气的小狗"吗？

那么，走罢，妈妈，走罢！当你叫唤我的时候，我就永不到你那里去，也永不要你再喂我吃东西了。

如果我只是一只绿色的小鹦鹉，而不是你的小孩，亲爱的妈妈，你要把我紧紧地锁住，怕我飞走吗？

你要对我摇你的手，说道"怎样的一只不知感恩的贱鸟呀！整夜地尽在咬他的链子吗？"

那么，走罢，妈妈，走罢！我要跑到树林里去，我就永不再让你抱我在你的臂里了。

第6课 十五咸

 古韵经典

qīng duì zhuó　kǔ duì xián　　yì qǐ duì sān jiān　yān
清对浊，苦对咸，一启对三缄。烟

suō duì yǔ lì　yuè bàng duì fēng fān　yīng xiàn huàn　yàn ní
蓑对雨笠，月榜对风帆。莺睍睆，燕呢

nán　liǔ qǐ duì sōng shān　qíng shēn bēi sù shàn　lèi tòng shī
喃，柳杞对松杉。情深悲素扇，泪痛湿

qīng shān　hàn shì jì néng fēn sì xìng　zhōu cháo hé yòng pàn sān
青衫。汉室既能分四姓，周朝何用叛三

jiān　pò dì ér tàn niú xīn　háo jīn wáng jì　shù gān yǐ guà dú
监。破的而探牛心，豪矜王济；竖竿以挂犊

bí　pín xiào ruǎn xián
鼻，贫笑阮咸。

néng duì fǒu　shèng duì xián　wèi guàn duì hún jiān　què
能对否，圣对贤，卫瓘对浑瑊。雀

luó duì yú wǎng　cuì yǎn duì cāng yá　hóng luó zhàng　bái bù
罗对鱼网，翠巇对苍崖。红罗帐，白布

shān　bǐ gé duì shū hán　ruǐ xiāng fēng jìng cǎi　ní ruǎn yàn
衫，笔格对书函。蕊香蜂竞采，泥软燕

zhēng xián　xiōng niè shì qīng wén zǔ tì　wáng jiā néng yì yǒu
争衔。凶孽誓清闻祖逖，王家能义有

wū xián　xī sǒu xīn jū　yú shè qīng yōu lín shuǐ àn　shān
巫咸。溪叟新居，渔舍清幽临水岸；山

sēng jiǔ yǐn　fàn gōng jì mò yǐ yún yán
僧 久 隐，梵 宫 寂 寞 倚 云 岩。

guān duì dài　mào duì shān　yì gěng duì yán chán　xíng
冠 对 带，帽 对 衫，议 鲠 对 言 谗。行

zhōu duì yù mǎ　sú bì duì mín yán　shǔ qiě shuò　tù duō
舟 对 御 马，俗 弊 对 民 岩。鼠 且 硕，兔 多

chán　shǐ cè duì shū jiān　sài chéng wén zòu jiǎo　jiāng pǔ rèn
毚，史 册 对 书 缄。塞 城 闻 奏 角，江 浦 认

guī fān　hé shuǐ yì yuán xíng mí mí　tài shān wàn rèn shì yán
归 帆。河 水 一 源 形 弥 弥，泰 山 万 仞 势 岩

yán　zhèng wéi wǔ gōng　fù zī yī ér měi dé　zhōu yīn xiàng
岩。郑 为 武 公，赋 缁 衣 而 美 德；周 因 巷

bó　gē bèi jǐn yǐ shāng chán
伯，歌 贝 锦 以 伤 谗。

注释

1. 三缄：《孔子家语·观周》载："孔子观周庙，有金人三缄其口，而铭其背，曰：'古之谨言人也。'"

2. 觊觎：美好貌。

3. 青衫：白居易为江州司马，作《琵琶行》，文中有"座中泣下谁最多，江州司马青衫湿"。

4. 四姓：东汉外戚樊、郭、阴、马四姓。

5. 三监：周武王使三叔监于纣子武庚之国，三叔反助武庚以叛周。

6. 硕鼠：大鼠。《诗经》有《硕鼠》。

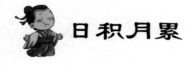

阮咸晒衣

　　在西晋那个时候，阮家是一个大家族，当然这个家族里有富人，也

有穷人。每到七月七日那天天晴的时候，阮家的人就把家中的衣服拿出来晒。"北阮"富人们都纷纷拿出自己的衣服来晒，一时间花团锦簇，粲然耀眼。这晒衣，衣服自然有好有坏，"北阮"富人们的衣服肯定是绫罗绸缎，而"南阮"的穷人们都自惭形秽，因为自己的粗布衣裳肯定比不上富人的衣服，拿出来弄不好还会引来富人们的嘲笑。但是阮咸却不管不顾，自己拿了个竹竿，把自己的破衣服一件一件挑了起来，晒在了路边。人们都对阮咸的行为感到奇怪，阮咸却不以为然地说："人家都晒衣服，我也不能免俗，姑且就这样吧。"

 **诗歌赏析**

舒婷诗集之《落叶》 之一

残月像一片薄冰

飘在沁凉的夜色里

你送我回家，一路

轻轻叹着气

既不因为惆怅

也不仅仅是忧愁

我们怎么也不能解释

那落叶在峰的撺掇下

所传达给我们的

那一种情绪

只是，分手之后

我听到你的足音

和落叶混在了一起

第三单元　唐诗

　　唐代是我国诗歌发展的黄金时代。强大的国力、兼收并蓄的文化精神与丰厚的文化积累，为唐诗的繁荣准备了充足的条件。众多伟大、杰出的诗人把我国诗歌艺术的发展推向高峰。今天可考的唐诗作者三千七百多人，可见存世的唐诗五万四千余首。本书所选内容不过是唐诗的一部分，但我们从中可以大略窥见当时诗歌繁荣的面貌。

第7课 赠友送别诗两首

别董大

【唐】 高适

千里黄云白日曛，北风吹雁雪纷纷。

莫愁前路无知己，天下谁人不识君。

送元二使安西

【唐】 王维

渭城朝雨浥轻尘，客舍青青柳色新。

劝君更尽一杯酒，西出阳关无故人。

注释

《别董大》：千里尘云笼罩着昏暗的天地，北风吹、雁南飞、大雪纷纷。不要愁前边没有知心的朋友，天下没有不赏识您的人。

《送元二使安西》：我送元二出使去安西，清晨的细雨打湿了渭城的浮尘，青砖绿瓦的旅店和周围的柳树都显得格外清新明朗。请元二再饮一杯离别的酒，向西走出了阳关，就可能再也碰不到认识的人了。

 日积月累

李白和孟浩然的故事

李白与孟浩然的友谊是诗坛上的一段佳话。二人彼此结识，固然不乏饮酒唱和、携手邀游的乐趣，但是至为重要的，则是在追求情感的和谐一致上，两人是彼此灵性飘逸的同伴和知音。

李白在二十几岁的时候乘船从四川沿长江东下，一路游览了不少地方，到了襄阳，他听说前辈诗人孟浩然隐居在城东南的鹿门山中，特地去拜访他。这是李白与孟浩然第一次相见，李白当时诗名尚小，而孟浩然名声在外。

孟浩然看了李白的诗，大加称赞，两人习性相投，一见如故，很快就成了挚友。于是，他们相约来到江夏，游历月余，最后，因孟浩然要去广陵，于是二人在黄鹤楼相别。看着好友离去。李白思绪万千，欣然写下千古绝唱《送孟浩然之广陵》。

十年之后，李白与孟浩然第二次见面。李白性格爱自由，毕生对隐逸之士怀敬重和神往之情，孟浩然年长李白十二岁，既有清誉，又有诗名，这正为李白所心仪，因而这次李白为表达自己对孟浩然的钦佩，写了《赠孟浩然》。

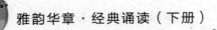

诗歌赏析

舒婷诗集之《落叶》之二

春天从四面八方

向我们耳语

而脚下的落叶却提示

冬的罪证，一种阴暗的记忆

深刻的震动

使我们的目光相互回避

更强烈的反射

使我们的思想再次相遇

季节不过为乔木

打下年轮的戳记

落叶和新芽的诗

有千百行

树却应当只有

一个永恒的主题

"为向天空自由伸展

我们绝不离开大地"

第8课　爱国言志诗两首

 古韵经典

春望

【唐】　杜甫

国破山河在，城春草木深。

感时花溅泪，恨别鸟惊心。

烽火连三月，家书抵万金。

白头搔更短，浑欲不胜簪。

闻官军收河南河北

【唐】　杜甫

剑外忽传收蓟北，初闻涕泪满衣裳。

却看妻子愁何在，漫卷诗书喜欲狂。

白日放歌须纵酒，青春作伴好还乡。

即从巴峡穿巫峡，便下襄阳向洛阳。

注释

《春望》：长安沦陷，国家破碎，只有山河依旧；春天来了，人烟稀少的长安城里草木茂密。感伤国事，不禁涕泪四溅；鸟鸣惊心，徒增离愁别恨。

连绵的战火已经延续了半年多，家书难得，一封抵得上万两黄金。愁绪缠绕，搔头思考，白发越搔越短，简直要不能插簪了。

《闻官军收河南河北》：在剑门关外忽然听说官军收复蓟北的消息，初听到时悲喜交集，止不住的泪水洒满了衣裳。回头看看妻子儿女，忧愁不知去向，胡乱地收拾着诗书，我高兴得快要发狂！白日里引吭高歌且须纵情饮酒，春光正好伴我返回那久别的故乡。仿佛觉得，我已经从巴峡穿过了巫峡，很快便到了襄阳，随即又奔向那旧都洛阳。

 日积月累

李白和杜甫的故事

杜甫，字子美，是中国著名的现实主义诗人，被后人誉为"诗圣"，与李白合称"大李杜"。

杜甫出生于北方大士族，家境优越，因此生活比较富足，自幼很顽皮，但也非常好学，七岁的时候就能作诗。公元731年，杜甫十九岁，出游郇瑕（huán xiá），次年又漫游吴越。数年后回到故乡参加"乡贡"，后又到了洛阳，参加了进士考试，但都没有考上。

杜甫在洛阳的时候与李白相遇，二人相见恨晚，一起度过了一段寻仙访道、谈诗论文的日子，分别后杜甫回到了长安。杜甫一生心系祖国，忧国忧民，但随着唐玄宗的统治越来越腐败，加上他的仕途也一直不顺，杜甫的生活逐渐陷入贫困之中，他的小儿子是被饿死的。安史之乱爆发后，杜甫更是过上了颠沛流离的生活。与李白一样，杜甫的一生坎坷曲折，幼时虽生活富庶，但中、晚年穷困潦倒，他心怀天下，有"致君尧舜上，再使风俗淳"的政治理想，但仕途不顺。正是因为这些经历，才令杜甫写下了许多传诵千古的名篇。与李白的浪漫主义不同，杜甫是现实主义诗人，他的诗风沉郁顿挫，记录了唐朝由盛转衰的巨变，反映了社会矛盾与百姓疾苦，对中国诗歌的发展有着非常深远的影响。

公元778年，杜甫思乡心切，想要乘舟回乡，但一路颠簸异常，最终在由潭州往岳阳的小舟上去世，终年五十九岁。

诗歌赏析

舒婷诗集之《落叶》之三

隔着窗门，风

向我叙述你的踪迹

说你走过木棉树下

是它摇落了一阵花雨

说春夜虽然料峭

你的心中并无寒意

我突然觉得：我是一片落叶

躲在黑暗的泥土里

风在为我举行葬仪

我安详地等待

那绿茸茸的梦

从我身上取得第一线生机

第 9 课　托物言志诗两首

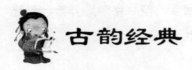 **古韵经典**

蝉

【唐】　虞世南

垂緌饮清露，流响出疏桐。

居高声自远，非是藉秋风。

风

【唐】　李峤

解落三秋叶，能开二月花。

过江千尺浪，入竹万竿斜。

注释

《蝉》：垂下像帽带一样的触角吮吸着清澈甘甜的露水，声音从稀疏的梧桐树枝间传出。蝉声远传的原因是蝉居在高树上，而不是依靠秋风。

《风》：秋风一吹来，便会使枝叶零落，令人感到萧瑟、凄凉；但是一到了二月，和煦的春风一吹，花朵绽放花蕾，大地又充满了生机。有时大风从江面上吹过，掀起千尺巨浪，有时微风吹入竹林，千万根竹子随着风东倒西歪，又是另一番景象。

 日积月累

梅兰竹菊

梅、兰、竹、菊被称为花中四君子，指的是梅花、兰花、竹子和菊花，人们通常会用它们来表示圣人们高尚的品质。梅花代表的寓意是高洁的志士；兰花代表的是贤达之士，代表着不争于世的性格；竹子代表的是谦谦君子，有着不屈不挠的性格；菊花则代表的是世外的隐士。

舒婷诗集之《童话诗人》节选

你相信了你编写的童话

自己就成了童话中幽蓝的花

你的眼睛省略过

病树、颓墙

锈崩的铁栅

只凭一个简单的信号

集合起星星、紫云英和蝈蝈的队伍

向没有被污染的远方

出发

心也许很小很小

世界却很大很大

第 10 课　咏史怀古诗两首

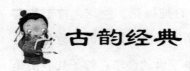 **古韵经典**

题木兰庙

【唐】　杜牧

弯弓征战作男儿，梦里曾经与画眉。

几度思归还把酒，拂云堆上祝明妃。

越中览古

【唐】　李白

越王勾践破吴归，义士还乡尽锦衣。

宫女如花满春殿，只今惟有鹧鸪飞。

注释

《题木兰庙》：手挽强弓南征北战扮作儿郎，但也在梦中像曾经那般给自己画眉。有多少次手持酒杯思念着故乡，到拂云堆上去祭王昭君。

《越中览古》：越王勾践灭掉吴国归来，战士们都是衣锦还乡。曾经满殿的宫女如花似玉，可惜如今只有几只鹧鸪在荒草蔓生的故都废墟上飞来飞去。

 # 日积月累

花木兰

从前，有个武艺高强的姑娘叫花木兰，她年轻漂亮，还有一手好剑法。

一天，花木兰接到一份参军公文，打开一看，爹爹的名字在上面。花木兰回到屋里左思右想：爹爹年岁大了，弟弟还小，怎能出兵打仗呢？花木兰一夜没有合眼，终于想出了一个办法，那就是女扮男装替父亲去参军。

战场上的花木兰一点也不比男儿差，凭着她的机智、勇敢和超群的武艺，花木兰一次次立下战功，最后被封为将军。

这场战争一打就是十二年，大军终于胜利归来。花木兰终于到家了。她回屋换上以前的青布衣裙，和她一起打仗的伙伴们看到后个个都惊呆了，他们怎么也没有想到与他们并肩作战十多年的花木兰竟是个漂亮的姑娘！

舒婷诗集之《这也是一切》节选

不是一切大树

都被风暴折断；

不是一切种子

都找不到生根的土壤；

不是一切真情

都流失在人心的沙漠里；

不是一切梦想

都甘愿被折掉翅膀；

不，不是一切

都像你说的那样！

不是一切火焰

都只燃烧自己

而不把别人照亮；

不是一切星星

都仅指示黑暗

而不报告曙光；

不是一切歌声

都只掠过耳旁

而不留在心上；

不，不是一切

都像你说的那样！

第 11 课　羁旅行役诗两首

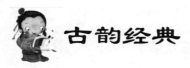 古韵经典

九月九日忆山东兄弟

【唐】　王维

独在异乡为异客，每逢佳节倍思亲。

遥知兄弟登高处，遍插茱萸少一人。

夜雨寄北

【唐】　李商隐

君问归期未有期，巴山夜雨涨秋池。

何当共剪西窗烛，却话巴山夜雨时。

注释

《九月九日忆山东兄弟》：独自远离家乡难免总有一点凄凉，每到重阳佳节

倍加思念远方的亲人。远远想到兄弟们身佩茱萸登上高处，也会因为少我一人而生遗憾之情。

《夜雨寄北》：你问我回家的日子，我尚未定归期；今晚巴山下着大雨，雨水涨满秋池。何时你我重新聚首，共剪西窗烛花；再告诉你今夜秋雨中我的思念之情。

 日积月累

王维《九月九日忆山东兄弟》

王维十七岁那年，决定上京去考状元。他经历了千辛万苦，终于来到了京城。王维找到了一间安静的客栈住了下来，每天都在这里安心学习，也无心去观赏京城的美丽景色。每当他看见别人和朋友齐聚，在树下饮酒作诗时，王维感觉自己好孤单、好寂寞，于是十分思念家中的亲人。

一晃，九九重阳节到了，王维想：在家乡的时候，每逢节日，朋友们便相约到高高的山峰玩耍，而今年朋友们中却单单少了我一人。王维便放下书本，登上了京城的高处，眺望远方的家乡，写下了"独在异乡为异客，每逢佳节倍思亲。遥知兄弟登高处，遍插茱萸少一人"的优美诗句。

王维自幼聪颖，九岁时便能作诗写文章，后来王维凭借自己的优秀诗篇，成为我国盛唐时期一名伟大的诗人。

诗歌赏析

舒婷诗集之《呵，母亲》

你苍白的指尖理着我的双鬓

我禁不住像儿时一样

紧紧拉住你的衣襟

呵，母亲

为了留住你渐渐隐去的身影

虽然晨曦已把梦剪成烟缕

我还是久久不敢睁开眼睛

我依旧珍藏着那鲜红的围巾

生怕浣洗会使它

失去你特有的温馨

呵，母亲

岁月的流水不也同样无情

生怕记忆也一样褪色呵

我怎敢轻易打开它的画屏

为了一根刺我曾向你哭喊

如今带着荆冠，我不敢

一声也不敢呻吟

呵，母亲

我常悲哀地仰望你的照片

纵然呼唤能够穿透黄土

我怎敢惊动你的安眠

我还不敢这样陈列爱的祭品

虽然我写了许多支歌

给花、给海、给黎明

呵，母亲

我的甜柔深谧的怀念

不是激流，不是瀑布

是花木掩映中唱不出歌声的枯井

第四单元 唐诗

　　唐代是我国诗歌发展的黄金时代。强大的国力、兼收并蓄的文化精神与丰厚的文化积累，为唐诗的繁荣准备了充足的条件。众多伟大、杰出的诗人把我国诗歌艺术的发展推向高峰。今天可考的唐诗作者三千七百多人，可见存世的唐诗五万四千余首。本书所选内容不过是唐诗的一部分，但我们从中可以大略窥见当时诗歌繁荣的面貌。

第 12 课　边塞征战诗两首

 古韵经典

从军行

【唐】　王昌龄

青海长云暗雪山，孤城遥望玉门关。

黄沙百战穿金甲，不破楼兰终不还。

凉州词

【唐】　王翰

葡萄美酒夜光杯，欲饮琵琶马上催。

醉卧沙场君莫笑，古来征战几人回？

注释

《从军行》：青海上空的阴云遮暗了雪山，站在孤城遥望着远方的玉门关。塞外的战士身经百战，磨穿了盔和甲，不打败西部的敌人誓不回还。

《凉州词》：新酿成的葡萄美酒，盛满夜光杯；正想开怀畅饮，马上琵琶声频催。即使醉倒沙场，请诸君不要见笑；自古男儿出征，有几人活着回归？

 # 日积月累

岳母刺字

岳飞小时候家里非常穷，母亲用树枝在沙地上教他写字，还鼓励他好好锻炼身体。岳飞勤奋好学，不但知识渊博，还练就了一身好武艺，成为文武双全的人才。

当时，北方的金兵常常攻打中原。母亲鼓励儿子报效国家，并在他背上刺了"精忠报国"四个大字。孝顺的岳飞不敢忘记母亲的教诲，那四个字成为岳飞终生遵奉的信条。每次作战时，岳飞都会想起"精忠报国"四个大字，由于他勇猛善战，在战役中取得了很多胜利，立了不少功劳，名声也传遍了大江南北。

 诗歌赏析

舒婷诗集之《船》

一只小船
不知什么缘故
倾斜地搁浅在
荒凉的礁岸上
油漆还没褪尽

风帆已经折断

既没有绿荫垂荫

连青草也不肯生长

满潮的海面

只在离它几米的地方

波浪喘息着

水鸟焦灼地扑打翅膀

无垠的大海

纵有辽远的疆域

咫尺之内

却丧失了最后的力量

隔着永恒的距离

他们怅然相望

爱情穿过生死的界限

世纪的空间

交织着万古常新的目光

难道真挚的爱

将随着船板一起腐烂

难道飞翔的灵魂

将终身监禁在自由的门槛

第 13 课　山水田园诗两首

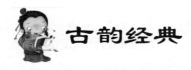 **古韵经典**

竹里馆

【唐】　王维

独坐幽篁里，弹琴复长啸。

深林人不知，明月来相照。

望庐山瀑布

【唐】　李白

日照香炉生紫烟，遥看瀑布挂前川。

飞流直下三千尺，疑是银河落九天。

注释

《竹里馆》：独自闲坐在幽静的竹林，时而弹琴时而长啸。密林之中何人知晓我在这里？只有一轮明月静静与我相伴。

《望庐山瀑布》：香炉峰在阳光的照射下生起紫色烟霞，远远望见瀑布似的白色绢绸悬挂在山前。高崖上飞腾直落的瀑布好像有几千尺，让人恍惚以为银河从天上泻落到人间。

 # 日积月累

李白跳月的故事

南京夫子庙前，有一座文德桥。听老辈人说，每逢冬月十五，月亮当头的时候，站在桥头朝水上看，倒映在水里的月影子刚好分成两半：桥这边半个，桥那边半个。圆圆的月亮影子，为什么会分成两半呢？这里有段故事。

传说唐朝大诗人李白有一次到金陵（今南京）来，在文德桥旁边的一座酒楼上歇脚。这天碰巧是冬月十五，到了晚上，他就独自坐在酒楼上赏月，一边喝酒，一边吟诗。李白生平最喜爱月亮，说月亮又干净又好看。这天晚上，他抬头看见天上的月亮洁白滚圆，心里非常高兴，就多喝了几杯。到了半夜，李白趁着酒兴，下楼走到文德桥上，他刚走上桥，一低头，忽然看见月亮掉在水里了，河水一动，洁白的月影上就添了几条黑纹。

李白这时喝得醉醺醺的，只当是月亮被河水弄脏了。他也顾不得脱靴子，张开双手就跳下桥去捞月亮。谁知这一跳，月亮没捞着，却把水里的月亮震破了，顿时分成了两半儿。故事就这样传下来了，后来人们在文德桥旁边修了个"得月台"，就是当年大诗人李白赏月的地方。

诗歌赏析

泰戈尔诗集之《不被注意的花饰》节选

啊，谁给那件小外衫染上颜色的，我的孩子，谁使你的温软的肢体穿上那件红的小外衫的？

你在早晨就跑出来到天井里玩儿，你，跑着就像摇摇欲跌似的。

但是谁给那件小外衫染上颜色的，我的孩子？

什么事叫你大笑起来的，我的小小的命芽儿？

妈妈站在门边，微笑地望着你。

她拍着她的双手，她的手镯叮当地响着，你手里拿着你的竹竿儿在跳舞，活像一个小小的牧童。

但是什么事叫你大笑起来的，我的小小的命芽儿？

噢，乞丐，你双手攀搂住妈妈的头颈，要乞讨些什么？

第14课 即景抒怀诗两首

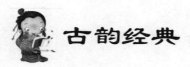 古韵经典

逢入京使

【唐】 岑参

故园东望路漫漫，双袖龙钟泪不干。

马上相逢无纸笔，凭君传语报平安。

题都城南庄

【唐】 崔护

去年今日此门中，人面桃花相映红。

人面不知何处去，桃花依旧笑春风。

注释

《逢入京使》：东望家乡路程又远又长，热泪沾湿双袖还在不断流淌。在马上与你相遇无纸笔，请告诉家人说我平安无恙。

《题都城南庄》：去年的今天，就在这长安南庄的一户人家门口，我看见那美丽的面庞和盛开的桃花互相映衬，显得分外绯红。时隔一年的今天，故地重游，那含羞的面庞不知道去了哪里，只有满树桃花依然是旧样，含笑盛开在这和煦春风中！

 日积月累

崔护《题都城南庄》背后的故事

博陵崔护，资质甚美，而孤洁寡合。举进士下第。清明日，独游都城南，得居人庄，一亩之宫，而花木丛萃，寂若无人。叩门久之，有女子自门隙窥之，问曰："谁耶？"护以姓氏对，曰："寻春独行，酒渴求饮。"女入，以杯水至。开门，设床命坐。独倚小桃斜柯伫立，而意属殊厚。崔辞去，送至门，如不胜情而入。崔亦眷盼而归。尔后绝不复至。

及来岁清明日，忽思之，情不可抑，径往寻之。门院如故，而已扃锁之。崔因题诗于左扉曰："去年今日此门中，人面桃花相映红。人面不知何处去，桃花依旧笑春风。"

后数日，偶至都城南，复往寻之，闻其中有哭声，叩门问之。有老父出曰："君非崔护耶？"曰："是也。"又哭曰："君杀吾女！"崔惊恸，莫知所答。父曰："吾女笄年知书，未适人。自去年以来，常恍惚若有所失。比日与之出，及归，见在左扉有字，读之，入门而病。遂绝食数日而死。吾老矣，惟此一女，所以不嫁者，将求君子，以托吾身。今不幸而殒，得非君杀之耶！"又持崔大哭。崔亦感恸，请入哭之，尚俨然在床。崔举其首，枕其股，哭而祝曰："某在斯！"须臾开目，半日复活。老父大喜，遂以女归之。

诗歌赏析

舒婷诗集之《珠贝——大海的眼泪》节选

在我微颤的手心里放下一粒珠贝，

仿佛大海滴下的鹅黄色的眼泪……

当波涛含恨离去，

在大地雪白的胸前哽咽，

它是英雄眼里灼烫的泪，

也和英雄一样忠实，

嫉妒的阳光

终不能把它化作一滴清水；

当海浪欢呼而来，

大地张开手臂把爱人迎接，

它是少女怀中的金枝玉叶，

也和少女的心一样多情，

残忍的岁月

终不能叫它的花瓣枯萎。

第15课　思妇闺情诗两首

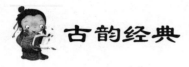

嫦娥

【唐】　李商隐

云母屏风烛影深，长河渐落晓星沉。

嫦娥应悔偷灵药，碧海青天夜夜心。

菩萨蛮

【唐】　温庭筠

小山重叠金明灭，鬓云欲度香腮雪。

懒起画蛾眉，弄妆梳洗迟。

照花前后镜，花面交相映。

新帖绣罗襦，双双金鹧鸪。

注释

《嫦娥》：云母屏风透出残烛幽深的光影，银河逐渐斜落，晨星也隐没低沉。嫦娥想必悔恨当初偷吃不死药，如今空对碧海青天而夜夜寒心。

《菩萨蛮》：眉妆漫染，额上的额黄半明半暗地闪耀着，鬓边发丝散漫将掩未掩那雪白的面颊。懒懒的无心去描弯弯的眉，迟了好久才起身梳理晨妆。照一照新插的花朵，对了前镜，又对后镜，红花与容颜交相辉映。刚刚穿上的崭新绫罗短衣，上边绣贴着一双双金鹧鸪。

 日积月累

李清照买书的故事

有一年清明前，李清照一个人来到书市，在一个不被人注意的小角落，发现有一位须发皆白的老者，只守着一个小书摊。她便走了过去，突然被地上的书吸引住了。"《古金石考》？"她不禁大吃一惊，这就是她梦寐以求的古书。李清照抑制不住自己的惊喜，拿起一本便翻看起来，她急切地问："老伯，您这套书可是要卖的？"老者点点头。李清照把自己随身带的钱全部倒出来，只有十两左右，与老者所要三十两还差很多。李清照显得有些着急，对老者说明日可否来买。老者为难地说，他的盘缠早就用得差不多了，已经和家人说好，今天日落，无论这书卖不卖得出去，都要和他们一起出城回家的。

李清照一听，急忙抬头望天，这时已近日暮，她一时间竟不知道怎么办才好。她不自觉地握了一下衣角，这一握让李清照有了办法。过了半个时辰后，老者见李清照只穿一件内衬的单衣，跑了回来，手里拿着银两。原来，她把自己的新衣给典当了。然后，李清照抱起那套珍贵的《古金石考》，穿着单衣在乍暖还寒的春天里回家去了。

诗歌赏析

舒婷诗集之《雨别》节选

我真想甩开车门，向你奔去

在你的肩膀上失声痛哭：

"我忍不住，我真忍不住！"

我真想拉起你的手

逃向初晴的天空和田野

不畏缩也不回顾

我真想凝聚全部柔情

以一个无法申诉的眼神

使你终于醒悟

我真想，真想……

我的痛苦变为忧伤

想也想不够，说也说不出

第16课　借景抒情诗两首

 古韵经典

枫桥夜泊

【唐】　张继

月落乌啼霜满天，江枫渔火对愁眠。

姑苏城外寒山寺，夜半钟声到客船。

泊船瓜洲

【宋】　王安石

京口瓜洲一水间，钟山只隔数重山。

春风又绿江南岸，明月何时照我还？

注释

《枫桥夜泊》：月亮已落下，乌鸦啼叫，寒气满天，江边枫树与船上渔火，

难抵我独自傍愁而眠。姑苏城外那寂寞清静的寒山古寺，半夜里敲钟的声音传到了客船。

《泊船瓜洲》：京口和瓜洲之间只隔着一条长江，钟山就隐没在几座山峦的后面。和煦的春风又吹绿了大江南岸，明月什么时候才能照着我回到钟山下的家里？

 日积月累

张继《枫桥夜泊》

张继创作《枫桥夜泊》的过程要从他决定考取功名说起。张继出身书香世家，从小就精读各种诗书，经过十年的寒窗苦读，他有了一些成绩，决定去参加科举考试。他的父亲、乡里们都觉得他一定会高中，他自己也认为自己会高中。

终于等到科举考试放榜的那天，张继早早地来到宣告栏处等待，放榜单一贴出他就上前查看，第一批、第二批均没有自己的名字，直到第三批还没有看到自己的名字，他才相信自己落榜的事实。此时，张继的心里满是愁苦，他想念父亲，想回到家乡去，但张继已经回不去了，他不愿看到父亲以及乡亲们的失望，他也不愿意自己面对这样的悲哀场景。当时正值安史之乱，大批文人逃亡苏州，张继也随着人流开始漂泊的生活。那天恰逢中秋，张继租了一条小船，夜深停泊在姑苏城的枫桥边上。张继一人站在船头眺望皎月，周围漆黑一片，忽然城外响起了一声悠远的钟声，这钟声敲进了张继的心中，他又想起了远在故乡的父亲与家人，他决心不能辜负他们的期望，遂将心中的愁苦全数倾出，创作了这首《枫桥夜泊》。后来，张继回到长安埋头苦读，终于在天宝十二年中了进士。

诗歌赏析

舒婷诗集之《神女峰》

在向你挥舞的各色花帕中

是谁的手突然收回

紧紧捂住了自己的眼睛

当人们四散离去，谁

还站在船尾

衣裙漫飞，如翻涌不息的云

江涛

高一声

低一声

美丽的梦留下美丽的忧伤

人间天上，代代相传

但是，心

真能变成石头吗

为眺望远天的杳鹤

而错过无数次春江月明

沿着江岸

金光菊和女贞子的洪流

正煽动新的背叛

与其在悬崖上展览千年

不如在爱人肩头痛哭一晚

朱子家训 诫子书

三年级（下）

第一单元　忠孝友和

　　家庭自古以来就是社会的基本细胞。对每个人来说，家庭是人生的起点，也是休息和生活的港湾，上自社会名流，下至平民百姓，事业成功的背后，都离不开家庭的支持和帮助。营造一个温馨的家，创造和睦的家庭生活，无论是过去还是将来，都是人们亘古不变的追求目标。而朱熹的《朱子家训》为实现这样的目标提供了一个理论上的指南。

第1课 忠慈孝

 古韵经典

jūn zhī suǒ guì zhě　　rén yě
君之所贵者，仁也。

chén zhī suǒ guì zhě　　zhōng yě
臣之所贵者，忠也。

fù zhī suǒ guì zhě　　cí yě
父之所贵者，慈也。

zǐ zhī suǒ guì zhě　　xiào yě
子之所贵者，孝也。

注释

作为国君，最重要的是怀有仁慈的心。作为臣子，最重要的则是忠诚。为人父，最重要的是慈爱。为人子，最重要的则是孝道。

日积月累

唐太宗与魏徵的故事

有一次，唐太宗问魏徵说：“历史上的人君，为什么有的明智，有的昏庸？”魏徵说：“多听听各方面的意见，就明智；只听单方面的话，就昏庸（文言是‘兼听则明，偏听则暗’）。”他还举了历史上尧、舜和秦二世、梁武帝、隋炀帝等例子，说：“治理天下的人君如果能够采纳下面的意见，那么下情就能上达，亲信要想蒙蔽他也蒙蔽不了。”唐太宗连连点头说：“你说得多好啊！”又有一天，唐太宗读完隋炀帝的文集，跟左右大臣说：“我看隋炀帝这个人，学问渊博，也懂得尧、舜好，桀、纣不好，为什么干事却这么荒唐？”魏徵接口说：“一个皇帝光靠聪明、渊博不行，还应该虚心倾听臣子的意见。隋炀帝自以为才高，骄傲自信，说的是尧、舜的话，干的是桀、纣的事，到后来糊里糊涂，自取灭亡。”

 **诗歌赏析**

冰心《春水》

一

春水

又是一年了

还这般的微微吹动

可以再照一个影儿么？

“我的朋友！

我从来未曾留下一个影子

不但对你是如此"

二

四时缓缓的过去——

百花互相耳语说

"我们都只是弱者！

甜香的梦

轮流着做罢

憔悴的杯

也轮流着饮罢

上帝原是这样安排的呵！"

三

青年人！

你不能像风般飞扬

便应当像山般静止

浮云似的

无力的生涯

只做了诗人的资料呵！

四

芦荻

只伴着这黄波浪么

趁风儿吹到江南去罢！

第2课　恭和柔

 古韵经典

xiōng zhī suǒ guì zhě　　yǒu yě
兄之所贵者，友也。

dì　zhī suǒ guì zhě　　gōng yě
弟之所贵者，恭也。

fū　zhī suǒ guì zhě　　hé　yě
夫之所贵者，和也。

fù　zhī suǒ guì zhě　　róu yě
妇之所贵者，柔也。

注释

作为兄长，最要紧的是友爱弟妹；

作为弟妹，则要恭敬兄长；

作为丈夫，最重要的是态度平和；

作为妻子，则必须重视温柔的作用。

日积月累

姜肱大被

汉朝的时候，有个人姓姜名肱，他有两个弟弟，他们兄弟三人形影不离，共同缝了一床大棉被，每天都睡在一起。

有一次姜肱跟他的两个弟弟一同去京城，结果半夜路遇强盗，月光下，强盗面目狰狞，手里的匕首泛出幽幽寒光，看了直叫人打战。强盗嚣张地摆弄着明晃晃的匕首，一步步逼近抱在一起的三兄弟。突然，哥哥将弟弟们推向后面，走上前说："我弟弟还小，我是做哥哥的，可以牺牲，我要挽救我的弟弟，希望你们放他俩一条生路。"这时，后面的弟弟们也走上前来说道："不！你不可以伤害我们的哥哥，还是杀我们吧！"三兄弟都争着让对方活着，想到兄弟就要生离死别，他们不禁抱在一起，痛哭流涕。盗贼不是铁石心肠，也是因饥寒才起盗心的，他深深地被兄弟们的手足情感动了，讲道："我今天终于见到什么叫亲情了。"于是盗贼抢了一些财物便匆匆离开了。

诗歌赏析

冰心《春水》

五

一道小河

平平荡荡的流将下去

只经过平沙万里——

自由的，

沉寂的，

他没有快乐的声音。

一道小河

曲曲折折的流将下去

只经过高山深谷——

险阻的

挫折的

他也没有快乐的声音

我的朋友！

感谢你解答了

我久闷的问题，

平荡而曲折的水流里，

青年的快乐

在其中荡漾着了！

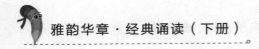

第3课　礼与信　处之道

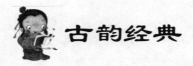
古韵经典

shì shī zhǎng guì hū lǐ yě
事 师 长 贵 乎 礼 也，
jiāo péng you guì hū xìn yě
交 朋 友 贵 乎 信 也。

注释

与师长相处，最重要的是合乎礼；与朋友相交，最重要的则是讲信用。

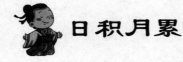
日积月累

程门立雪

　　一天，杨时同一起学习的游酢向程颐请求学问，却不巧赶上老师正在屋中打盹儿。杨时便劝告游酢不要惊醒老师，于是两人静立门口，等老师醒来。一会儿，天飘起鹅毛大雪，越下越大，杨时和游酢却还立在雪中，游酢实在冻得受不了，几次想叫醒程颐，都被杨时阻拦了。

直到程颐一觉醒来，才赫然发现门外的两个"雪人"！从此，程颐深受感动，更加尽心尽力教杨时。杨时不负众望，终于学到了老师的全部学问。

后人便用"程门立雪"这个典故，来赞扬那些求学师门、尊师重道的学子。

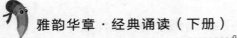

诗歌赏析

冰心《春水》

六

诗人！

不要委屈了自然罢，

"美"的图画，

要淡淡地描呵！

七

一步一步地扶走——

半隐的青紫的山峰

怎的这般高远呢？

八

月呵！

什么做成了你的尊严呢？

深远的天空里，

只有你独往独来了。

九

倘若我能以达到，

上帝呵！

何处是你心的尽头，

可能容我知道？

远了！

远了！

我真是太微小了呵！

第 4 课　老与幼　德为高

 古韵经典

jiàn lǎo zhě　　jìng zhī
见老者，敬之；

jiàn yòu zhě　　ài zhī
见幼者，爱之。

yǒu dé zhě　　nián suī xià yú wǒ　　wǒ bì zūn zhī
有德者，年虽下于我，我必尊之；

bú xiào zhě　　nián suī gāo yú wǒ　　wǒ bì yuǎn zhī
不肖者，年虽高于我，我必远之。

注释

遇见老者，当有尊敬之心；看见幼者，当有慈爱之心。对品德高尚的人，虽然年纪比我小，我也应当尊敬他；对那些素行不端者，虽年纪比我大，我也该离他远点。

日积月累

孔融让梨

孔融，字文举，东汉时期山东曲阜人，是孔子的第二十世孙，他是泰山都尉孔宙的第二个儿子。孔融四岁的时候，某年某月，正好是他祖父六十大寿，来客很多。有一盘酢梨，放在寿台上面，母亲让孔融把梨分了。于是孔融就按长幼次序来分，每个人都分到了自己的一份，而孔融唯独给自己分了个最小的。父亲奇怪地问他："别人都分到大的梨子，你自己却分到小的，为什么呢？"孔融从容答道："树有高的和低的，人有老的和小的，尊敬老人，敬爱长辈，是做人的道理！"父亲听后很是高兴。

冰心《春水》

一〇

忽然了解是一夜的正中，

白日的心情呵！

不要侵到这境界里来罢。

一一

南风吹了，

将春的微笑

从水国里带来了！

一二

弦声近了，

瞽目者来了，

弦声远了，

无知的人的命运

也跟了去么？

一三

白莲花！

清洁拘束了你了——

但也何妨让同在水里的红莲

来参礼呢？

第二单元　为人处世

　　在朱熹看来，重视道德修身就同"衣服之于身体，饮食之于口腹，不可一日无也，不可不慎哉"！他还就如何重德修身提出了许多深含哲理的见解。他认为"人有恶，则掩之，人有善，则扬之"。这句话是指对别人的善恶行为所持的态度，对行恶的人要抑制，对行善的人要宣传表扬他。他还进一步指出："勿以善小而不为，勿以恶小而为之。"意思是指善事多么小也要积极而为，恶事多么小也不能为之。不要以为自己曾经做过善事而忽视小恶，就不拘小节。忽视小恶，让其存在和发展，就会变成大恶；不拘小节也会发展至变节；注意小节，细心修养，才能达到高风亮节。

第5课 慎勿谈人之短

 古韵经典

shèn wù tán rén zhī duǎn　　qiè mò jīn jǐ zhī cháng
慎 勿 谈 人 之 短 ，切 莫 矜 己 之 长 。

chóu zhě yǐ yì jiě zhī　　yuàn zhě yǐ zhí bào zhī
仇 者 以 义 解 之 ，怨 者 以 直 报 之 ，

suí suǒ yù ér ān zhī
随 所 遇 而 安 之 。

注释

千万不要谈论别人的短处，更不可以仗恃着自己的长处而自以为了不起。对人有恨意，化解之道就在于检查自己是否站在合于道义的一方；对那些自己所怨恨的人，则应以平直的心态，正常地对待他们。随便遇到什么样的环境，都当心平气和地接受。

日积月累

苏东坡随遇而安的故事

大文学家苏东坡曾经多次被流放，可是，他说要想心情愉快，只需要看到松柏与明月就行了。何处无明月，何处无松柏？只是很少人有他那般的闲情与心情罢了。如果大家都能够做到随遇而安，及时挖掘出身边的趣闻乐事，去找寻苍穹中的闪耀星星，即使环境没有任何改变，你的心境从此也会大不一样。

环境往往会有不尽如人意的时候，问题是个人怎么面对拂逆和不顺。知道人力不能改变的时候，就不如面对现实，随遇而安。与其怨天尤人，徒增苦恼，不如因势利导，适应环境，从既有的条件中，尽自己的力量和智慧去发掘乐趣，从容地在不如意中发掘新的前进道路，才是求得快乐与安静最好的办法。

 **诗歌赏析**

冰心《春水》

一四

自然唤着说：

"将你的笔尖儿

浸在我的海里罢！

人类的心怀太枯燥了。"

一五

沉默里，

充满了胜利者的凯歌！

一六

心呵！

什么时候值得烦乱呢？

为着宇宙，

为着众生。

一七

红墙衰草上的夕阳呵！

快些落下去罢，

你使许多的青年人颓老了！

第6课　小过容忍　大过理喻

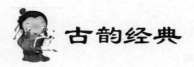

rén yǒu xiǎo guò　　hán róng ér rěn zhī
人有小过，含容而忍之；

rén yǒu dà guò　　　yǐ lǐ ér yù zhī
人有大过，以理而谕之。

注释

别人有小过错，则应用包容之心对待他；别人犯了较大的过错，则应将正确合理的做法明白地告诉他。

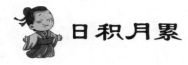

梁楚之欢

魏国边境靠近楚国的地方有一个小县，一个叫宋就的大夫被派往这个小县去做县令。两国交界的地方住着两国的村民，村民们都喜欢种瓜。

这一年春天，两国的边民都种下了瓜种。不巧这年春天，天气比较干旱，由于缺水，瓜苗长得很慢。魏国的一些村民担心这样旱下去会影响收成，就组织一些人，每天晚上到地里挑水浇瓜。这样连续浇了几天，魏国村民的瓜苗长势明显好了起来，比楚国村民种的瓜苗要高不少。楚国的村民一看到魏国村民种的瓜长得又快又好，非常嫉妒，有些人晚间便偷偷潜到魏国村民的瓜地里去踩瓜秧。

宋县令知道后忙请村民们消消气，让他们都坐下，劝说他们。村民们气愤已极，哪里听得进去，宋耐心地说："如果你们一定要去报复，最多解解心头之恨，可是，以后呢？他们也不会善罢甘休，如此下去，双方互相破坏，谁都不能得到一个瓜。"村民们皱紧眉头问："那我们该怎么办呢？"宋就说："你们每天晚上去帮他们浇地，结果怎样，你们自己就会看到。"

村民们只好按宋县令的意思去做，楚国的村民发现魏国村民不但不记恨，反倒天天帮他们浇瓜，惭愧得无地自容。

这件事后来被楚国边境的县令知道了，便将此事上报楚王，楚王原本对魏国虎视眈眈，听了此事，深受触动，甚觉不安，于是主动与魏国和好，并送去很多礼物，对魏国有如此好的官员和国民表示赞赏。

诗歌赏析

冰心《春水》

一八

冰雪里的梅花呵！

你占了春先了。

看遍地的小花

随着你零星开放。

一九

诗人！

笔下珍重罢！

众生的烦闷

要你来慰安呢。

二十

山头独立，

宇宙只一人占有了么？

二十一

只能提着壶儿

看它憔悴——

同情的水

从何灌溉呢？

它原是栏内的花呵！

第7课　勿以善小而不为

 古韵经典

wù yǐ shàn xiǎo ér bù wéi　　wù yǐ è xiǎo ér wéi zhī
勿以善小而不为，勿以恶小而为之。

注释

不要以为只是一件小小的善事而不去做，更不可以认为是一件小小的坏事
而大胆地去做。

 日积月累

小鱼在乎

《梵网经菩萨戒》云："勿轻小罪，以为无殃；水滴虽微，渐盈大器。"

　　一夜的暴风雨，使得许多小鱼因逐浪而被困在沙滩水洼里，大海虽在
咫尺，但它们回不去了，而且过不了多久就会成涸辙之鲋。

　　不知什么时候，一个小男孩出现了，捡起小鱼用力扔回大海。一个正在
海边散步的中年男子对孩子说："这小洼里有几百几千条小鱼，你救不了的。"

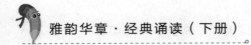

"我知道。"小男孩头也不抬地回答。

"哦，那你为什么还在扔？谁在乎呢？"

"这一条小鱼在乎！"男孩一边回答，一边拾起一条小鱼扔回大海。

"这一条在乎，那一条也在乎！还有这一条、这一条、这一条……"这个小男孩并没有错。他富有同情心，他对生命有着本能的恻隐之心，他是在拯救着一条又一条小鱼的生命，拯救着一条又一条"小鱼"的良知。

 诗歌赏析

冰心《春水》

二十二

先驱者！

你要为众生开辟前途呵，

束紧了你的心带罢！

二十三

平凡的池水——

临照了夕阳，

便成金海！

二十四

小岛呵！

何处显出你的挺拔呢？

无数的山峰

沉沦在海底了

二十五

吹就雪花朵朵——

朔风也是温柔的呵！

第8课 人之善恶

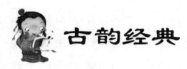

古韵经典

rén yǒu è　　zé yǎn zhī
人有恶，则掩之；

rén yǒu shàn　　zé yáng zhī
人有善，则扬之。

注释

别人的缺点，（面对他人时）我们应帮他稍加掩盖；别人的优点，则应该帮他宣扬。

日积月累

王旦与寇准

王旦与寇准分别为中书省和枢密院的长官。王旦常在宋真宗面前称赞寇准，寇准却数次说王旦的不是。宋真宗对王旦说："卿虽称其善，彼专谈卿恶。"如果没有一定的肚量，王旦或许会愤然作色，不说寇准"忘恩负义""恩将仇报"，至少也会对寇准从此怀有戒心。然而，王旦却认为寇准说他的不是，乃是"理所当然"的事。他对宋真宗说："臣在位久，政事缺失必多，准对陛下无隐，益见其忠直，此臣所以重准也。"

中书省和枢密院互送公事，并有一定的"格"。一次，中书省送枢密院的公事违"格"，寇准向皇帝反映了，于是王旦受到指责，堂吏也一概受罚。过了不久，枢密院送中书省的公事亦违"格"，中书省堂吏以为找到了一个报复的机会，欣然将它上呈王旦，王旦却只是叫他们送还给枢密院。

大中祥符八年，寇准因为得罪了宠臣林特而再次被罢相。他托求王旦，希望担任使相，王旦拒绝。不久后，寇准却被宋真宗任命为使相，他入见叩谢，说："非陛下知臣，安能至此。"没想到宋真宗告诉寇准，这是王旦的主张。

诗歌赏析

冰心《春水》

二十六

我只是一个弱者！

光明的十字架

容我背上罢，

我要抛弃了性天里

暗淡的星辰！

二十七

大风起了！

秋虫的鸣声都息了！

二十八

影儿欺哄了众生了，

天以外——

月儿何曾圆缺？

二十九

一般的碧绿，

只多些温柔。

西湖呵，

你是海的小妹妹么？

三十

天高了，

星辰落了。

晓风又与睡人为难了！

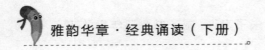

第 9 课　处世无私仇

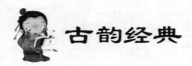

古韵经典

chǔ shì wú sī chóu　zhì jiā wú sī fǎ
处世无私仇，治家无私法。

wù sǔn rén ér lì jǐ　wù dù xián ér jí néng
勿损人而利己，勿妒贤而嫉能。

注释

处世不应为了私事而与人结仇；治家更要注意不可因为私心而有不公平的做法。不要做损人利己的事，不要有妒贤嫉能的心态。

日积月累

贾（gǔ）人渡河

从前，济水的南面有个商人，渡河时从船上落下了水，停留在水中的浮草上，在那里求救。有一个渔夫用船去救他，还没有靠近，商人就急忙号叫道："我是济水一带的大富翁，你如果能救了我，我给你一百两金子。"渔夫把他救上岸后，商人却只给了他十两金子。渔夫说："当初你答应给我一百两金子，可现在只给十两，这岂不是不讲信用吗？"商人勃然大怒道："你一个打鱼的，一天的收入有多少？你突然间得到十两金子还不满足吗？"渔夫失望地走了。后来有一天，这商人乘船顺吕梁湖而下，船触礁沉没，他再一次落水，正好原先救过他的那个渔夫也在那里。有人问渔夫："你为什么不去救他呢？"渔夫说："他就是那个答应给我一百两金子而不兑现承诺的人。"渔夫撑船上岸，远远地观看那位商人在水中挣扎，商人很快就沉入水底淹死了。

冰心《春水》

三十一

诗人！

自然命令着你呢，

静下心潮

听他呼唤！

三十二

渔舟归来了，

看江上点点的红灯呵！

三十三

墙角的花！

你孤芳自赏时

天地便小了。

三十四

青年的！

从白茫茫的地上

找出同情来罢。

三十五

嫩绿的叶儿

也似诗情么？

颜色一番一番地浓了。

第10课　勿称忿而报横逆

 古韵经典

wù chēng fèn ér bào hèng nì
勿 称 忿 而 报 横 逆，

wù fēi lǐ ér hài wù mìng
勿 非 礼 而 害 物 命。

jiàn bú yì zhī cái wù qǔ
见 不 义 之 财 勿 取，

yù hé lǐ zhī shì zé cóng
遇 合 理 之 事 则 从。

注释

遇到不顺的事情，切勿因气愤而求一时之快；不要违背正常的行为规范而去伤害别的物体。遇有不合正义的发财机会，则应该放弃；遇到合情合理的事情，则不妨从事。

日积月累

秀才何岳

秀才何岳，曾经在夜晚走路时捡到200余两白银，但是不敢和家人说

起这件事，担心家人劝他留下这笔钱。第二天早晨，何岳携带着银子来到他捡到钱的地方，看到有一个人正在寻找，便上前询问，那人回答的数目与封存的标记都与他捡到的相符合。那人想从中取出一部分钱作为酬谢，何岳说："捡到钱而没有人知道，就可以算都是我的东西了（我连这些都不要），又怎么会贪图这些钱呢？"那人拜谢而走。

何岳又曾经在做官的人家中教书，官吏有事要去京城，将一个箱子寄放在何岳那里，里面有黄金数百两，官吏说："等到他日我回来再来取。"官吏去了许多年，没有一点音信，后来听说官吏的侄子为了他的事情南下，但并非取箱子。何岳得以托官吏的侄子把箱子带回给官吏。秀才何岳，自己并不富有，捡到钱归还，短时期内还可以勉励自己不起贪心，而金钱寄放在他那儿数年却一点也不动心，凭这一点就可以看出他远超常人的品性。

诗歌赏析

冰心《春水》

三十六

老年人的"过去"，

青年人的"将来"，

在沉思里

都是一样呵！

三十七

太空！

揭开你的星网，

容我瞻仰你光明的脸罢。

三十八

秋深了！

树叶儿穿上红衣了！

三十九

水向东流，

月向西落——

诗人，

你的心情

能将她们牵住了么？

第三单元　读书知义

　　朱熹还进一步指出修炼清气的要诀："诗书不可不读，礼义不可不知。"诗书是指"圣贤"之书，如《诗》《书》《礼》《乐》《易》《春秋》等儒家典籍。礼义是指"孝悌诚敬"，是说孝敬老人、诚实做人。他认为，读"圣书"才可以修德，识礼义才可以养气。人因读书而美丽，人因识礼而高雅。读书是文化教育，识礼是素质教育，读书识礼，二者不可偏废。并在此基础上，朱熹进一步拓展了重德修身的外延，他指出："斯文不可不敬，患难不可不扶。守我之分者，礼也。"他认为，对有知识素养的人要敬重，对有困难的人要帮助，这些都是做人的本分。

第 11 课　读诗书知礼义

 古韵经典

shī shū bù kě bù dú　lǐ yì bù kě bù zhī
诗书不可不读，礼义不可不知。

zǐ sūn bù kě bú jiào　tóng pú bù kě bú xù
子孙不可不教，童仆不可不恤。

sī wén bù kě bú jìng　huàn nán bù kě bù fú
斯文不可不敬，患难不可不扶。

注释

古圣先贤流传下来的经典，不可以不读；待人的合理规范与处世的正当态度，则不可不知。对后代子孙，不能不重视教育；对仆人帮佣，则必须能体谅关怀。数千年的文化传统不可不尊敬；遇到灾变打击，则不可不相互扶持。

日积月累

万斯同闭门苦读

　　清朝初期的著名学者、史学家万斯同参与编撰了我国重要的史书"二十四史"。但万斯同小的时候是一个顽皮的孩子，由于贪玩，遭到了宾客们的批评，在宾客们面前丢了面子。万斯同恼怒之下，掀翻了宾客们的桌子，被父亲关到了书屋里。万斯同从生气、厌恶读书，到闭门思过，并从《茶经》中受到启发，开始用心读书。转眼一年多过去了，万斯同在书屋中读了很多书，父亲原谅了儿子，而万斯同也明白了父亲的良苦用心。万斯同经过长期的勤学苦读，终于成为一位通晓历史、博览群书的著名学者，并参与了"二十四史"之《明史》的编修工作。

诗歌赏析

冰心《春水》

四十

黄昏——深夜

槐花下的狂风，

藤萝上的蜜雨

可能容我暂止你？

病的弟弟

刚刚睡浓了呵！

四十一

小松树！

容我伴你罢，

山上白云深了！

四十二

晚霞边的孤帆，

在不自觉里

完成了"自然"的图画。

四十三

春何曾说话呢？

但它那伟大潜隐的力量，

已这般地

温柔了世界了！

第 12 课　守我之分

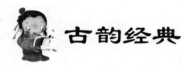
古韵经典

shǒu wǒ zhī fèn zhě　　lǐ yě
守我之分者，礼也；

tīng wǒ zhī mìng zhě　　tiān yě
听我之命者，天也。

rén néng rú shì　　tiān bì xiāng zhī
人能如是，天必相之。

cǐ nǎi rì yòng cháng xíng zhī dào
此乃日用常行之道，

ruò yī fú zhī yú shēn tǐ　　yǐn shí zhī yú kǒu fù
若衣服之于身体，饮食之于口腹，

bù kě yī rì wú yě　　kě bú shèn zāi
不可一日无也，可不慎哉！

注释

谨守本分，必须有赖于了解做人的基本规范；这样做也就完成了天地万物赋予我们的使命，顺乎"天命"的道理法则。由老天来决定。一个人能做到以上各点，则老天必定会来相助的。这些基本的道理，都是日常生活中随处可见的。就像衣服之于身体，饮食之于口腹，是每天都不可离开，每天都不可缺少的。我们对这些基本的生活道理，怎可不重视呢？

 日积月累

朱熹

　　朱熹一生淡泊名利，安守清贫，从不妄取不义之财。他一生不幸，幼年失父，中年丧偶，幼女夭折，胞妹早逝，晚年失子，生活相当贫困。朱熹对他人惠赠的财物，于法有碍，一概以礼谢绝，然而与亲友的礼尚往来，却又慷慨相赠。朱熹长期生活在农村，深知民众疾苦，从小心中就蕴藏着帮贫救困、忧世恤民的思想。朱熹为官时间不长，总览仕历，按到职实算，为官方逾七年。朱熹为官时每到一处，极度重视荒政，他重农桑，兴水利，正经界，轻赋敛，惩贪官，治豪强，真个是民间疾苦"一枝一叶总关情"。他于1171年创建社仓，奏请朝廷颁行诸路州军，救助了无数灾民，被誉为"先儒经济盛迹"。如今，朱子社仓仍然完好安在，向人们讲述着纯朴善良的朱熹救荒恤民的故事。

冰心《春水》

四十四

旗儿举正了，

聪明的先驱者呵！

四十五

山有时倾了，

海有时涌了。

一个庸人的心志

却终古竖立！

四十六

不解放的行为，

造就了自由的思想！

四十七

人在廊上，

书在膝上，

拂面的微风里

知道春来了。

四十八

萤儿自由的飞走了，

无力的残荷呵！

第四单元　诫子书

　　这是诸葛亮写给他儿子诸葛瞻的一封家书。从文中可以看出诸葛亮是一位品格高洁、才学渊博的父亲，他对儿子的殷殷教诲与无限期望尽在此书中。全文通过智慧、理性、简练、严谨的文字，将普天下为人父者的爱子之情表达得非常深切，成为后世历代学子修身立志的名篇。

　　古代家训，大都浓缩了作者毕生的生活经历、人生体验和学术思想等方面的内容，就是今人读来也大有可借鉴之处。三国时蜀汉丞相诸葛亮被后人誉为"智慧之化身"，他的《诫子书》也可谓是一篇充满智慧之语的家训，是古代家训中的名作。

第 13 课　夫君子之行

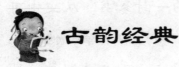 **古韵经典**

fú jūn zǐ zhī xíng　　jìng yǐ xiū shēn　　jiǎn yǐ yǎng dé
夫君子之行，静以修身，俭以养德。
fēi dàn bó wú yǐ míng zhì　　fēi níng jìng wú yǐ zhì yuǎn
非淡泊无以明志，非宁静无以致远。

注释

君子的品德，靠静来修身，靠俭来养德，不抛开功名利禄就不能表明自己崇高的志向，不做到安静就不能高瞻远瞩。

 日积月累

原宪

原宪是孔子的弟子，他以清静守节、安贫乐道而受人尊敬。他的房子是草搭成的，门是蓬草编成的，门枢是桑树条，屋内上漏下湿，原宪端坐其中丝毫不觉清苦，以修习礼乐教化的儒道为乐。

有一天，子贡去找原宪，他乘坐着高头大马拉的车，穿着雪白华丽的衣服，因为小巷容不下他的大车，子贡只好下车步行前去敲原宪家的门，只见原宪戴着用桦木皮做的帽子，挂着手杖出来开门迎接他。见原宪一副穷困寒酸的样子，子贡说："嘻！先生这是生病了吗？"

原宪回答他说："我听说没有钱财叫作贫，学了道却不能身体力行去做才叫作病，我现在是贫并不是病。"子贡听后非常惭愧。

 诗歌赏析

冰心《春水》

五十

何用写呢？

诗人自己

便是诗了！

五十一

鸡声——

鼓舞了别人了！

他自己可曾得到安慰么？

五十二

微倦的沉思里 ——

鸽儿的弦风

将诗情吹破了！

五十三

春从微绿的小草里

对青年说：

"我的光照临着你了，

从枯冷的环境中

创造你有生命的人格罢！"

第 14 课　夫学须静也

 古韵经典

fú xué xū jìng yě　　cái xū xué yě

夫 学 须 静 也，才 须 学 也，

fēi xué wú yǐ guǎng cái　　fēi zhì wú yǐ chéng xué

非 学 无 以 广 才，非 志 无 以 成 学。

注释

学习必须安静，才能来源于学习，不学习无法扩展才能，没有志向就不能
在学习上有所成就。

 日积月累

悬梁刺股

汉朝的孙敬刻苦好学，每天一早就起来读书，直至深夜。因为疲劳瞌
睡，会不知不觉地打起盹来，他就把绳子的一头拴在屋梁上，一头系在自
己的头发上，这样一来，如果打盹，头皮就会被扯疼。另外，战国时的苏
秦在游说秦国失败后，回到家里发愤学习，每当晚上读书读得疲倦打瞌睡

时，他便用锥子刺自己的大腿，直至鲜血淋漓。后来他俩都成了有名的政治家。这个成语形容人刻苦读书、坚忍不拔的精神。

 **诗歌赏析**

冰心《春水》

五十四

白昼从那里长了呢？

远远墙边的树影

都困惆得不移动了。

五十五

野地里的百合花，

只有自然

是你的朋友罢。

五十六

狂风里——

远树都模糊了，

造物者涂抹了他黄昏的图画了。

五十七

小蜘蛛！

停止你的工作罢，

只网住些儿尘土呵！

五十八

冰似山般静寂，

山似水般流动，

诗人可以如此的支配他么？

古韵经典

第 15 课　淫慢与险躁

yín màn bù néng lì jīng

淫慢不能励精，

xiǎn zào zé bù néng zhì xìng

险躁则不能治性。

注释

享乐过度就不能振奋精神，暴躁就不能陶冶性情。

 日积月累

　　春秋战国时期，耕柱是一代宗师墨子的得意门生，不过，他老是挨墨子的责骂。

　　有一次，墨子又责备了耕柱。耕柱觉得非常委屈，因为在许多门生之中，大家都公认耕柱是最优秀的人，但他又常遭到墨子指责，让他没面子、心里过不去。

一天，耕柱愤愤不平地问墨子："老师，难道在这么多学生当中，我竟是如此差劲，以至于要时常遭您老人家责骂吗？"

墨子听后，毫不动肝火："假设我现在要上太行山，依你看，我应该要用良马来拉车，还是用老牛来拖车？"

耕柱回答说："再笨的人也知道要用良马来拉车。"

墨子又问："那么，为什么不用老牛呢？"

耕柱回答说："理由非常简单，因为良马足以担负重任，值得驱遣。"

墨子说："你答得一点也没有错。我之所以时常责骂你，也只因为你能够担负重任，值得我一再地教导与匡正你。"

智慧小语：古语有云："玉不琢，不成器。"我们穷其一生，能遇到几位用心雕琢璞玉的老师呢？如果真的遇到了，请记得珍惜，不要因为老师的责备而选择怨恨。因为，也许老师恰恰是在用这种方式来成就自己。用感恩的心看待这一切，一切都会变得很美好。

诗歌赏析

冰心《春水》

五十九

乘客呼唤着说：

"舵工！

小心雾里的暗礁罢！"

舵工宁静地微笑说：

"我知道那当行的水路

这就够了！"

六十

流星——

只在人类的天空里是光明的；

他从黑暗中飞来，

又向黑暗中飞去；

生命也是这般的不分明么？

六十一

弟弟！

且喜又相见了，

我回忆中的你，

哪能像这般清晰？

六十二

我要挽那"过去"的年光，

但时间的经纬里

已织上了"现在"的丝了！

第 16 课　将复何及

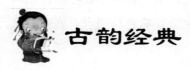 古韵经典

nián yǔ shí chí　　yì yǔ rì qù
年 与 时 驰， 意 与 日 去，

suì chéng kū luò　　duō bù jiē shì
遂 成 枯 落， 多 不 接 世，

bēi shǒu qióng lú　　jiāng fù hé jí
悲 守 穷 庐， 将 复 何 及！

注释

年华和时光一同逝去了，意志和时间一同消失了，像枯枝败叶一样凋落，对社会没有任何贡献，晚年守着破房子痛惜过去，还怎来得及呢？

日积月累

王冕

元朝著名画家、学者、诗人和篆刻家王冕，出身贫寒，家中无力供他上学，他只能到一个姓秦的人家中放牛。王冕时刻想着读书学习，每次出去放牛，都将书本带在身上，有时骑在牛背上读书，有时牛在吃草，他就坐在树下看书，晚上借佛殿长明灯夜读。王冕就是靠着利用点点滴滴的时间，自学了很多知识，终成一代画家。

晋朝陶渊明曾说："盛年不重来，一日难再晨。及时当勉励，岁月不待人。"古人这些优秀的道德修养和思想品格值得我们学习和借鉴。自古以来一切有远大志向者，无一不惜时如金，唐末王贞白的《白鹿洞》诗中更有"一寸光阴一寸金"的妙喻。时间对于所有的人都是公平的，如何善用时间，让自己的一生更精彩，取决于每个人对时间的珍视、对生命的珍视。如果能把自己的时间用于为他人服务，让他人受益，这样的人就是高尚的人。让我们都来秉承君子之道，惜时如金吧。

 **诗歌赏析**

冰心《春水》之十六

六十三

柳花飞时，

燕子来了；

芦花飞时，

燕子又去了；

但她们是一样的洁白呵！

六十四

婴儿，

在他颤动的啼声中

有无限神秘的言语，

从最初的灵魂里带来

要告诉世界。

六十五

只是一颗孤星罢了！

在无边的黑暗里

已写尽了宇宙的寂寞。

六十六

清绝——

是静寂还是清明？

只有凝立的城墙，

被雪的杨柳，

冷又何妨？

白茫茫里走入画图中罢！

六十七

信仰将青年人

扶上"服从"的高塔以后，

便把"思想"的梯儿撤去了。

宋词

四年级（上）

第一单元　写景抒情

　　王国维云"一切景语皆情语"，写景抒情类宋词借助客观景物的描写来抒发词人的主观感情。词人在词中移情于物，融情于景，将自己的感情转移到景物上去，使景物带上感情色彩。词人带着有情之眼去观察景物，以有情之笔去描写景物，使感情附着于景物，景物浸染上感情，景生情，情生景，情景交融，浑然无隔。

第1课　青玉案①·元夕②

 古韵经典

青玉案·元夕

【宋】　辛弃疾

东风夜放花千树。更吹落、星如雨③。宝马雕车④香满路。凤箫声动⑤，玉壶⑥光转，一夜鱼龙舞。

蛾儿雪柳黄金缕⑦。笑语盈盈暗香⑧去。众里寻他千百度⑨。蓦然回首，那人却在，灯火阑珊处。

注释

①青玉案：词牌名。

②元夕：夏历正月十五日为上元节，元宵节，此夜称元夕或元夜。

③星如雨：指焰火纷纷，乱落如雨。星，指焰火，形容满天的烟花。

④宝马雕车：豪华的马车。

⑤"凤箫"句：指笙、箫等乐器演奏。凤箫，箫的美称。

⑥玉壶：比喻明月。亦可解释为灯。

⑦"蛾儿"句：写元夕的妇女装饰。蛾儿、雪柳、黄金缕，皆为古代妇女元宵节时头上佩戴的各种装饰品。这里指盛装的妇女。

⑧盈盈：声音轻盈悦耳，亦指仪态娇美的样子。暗香：本指花香，此指女性们身上散发出来的香气。

⑨他：泛指第三人称。千百度：千百遍。

 诗歌赏读

只要孩子愿意，他此刻便可飞上天去。

他所以不离开我们，并不是没有缘故。

他爱把他的头倚在妈妈的胸间，他即使是一刻不见她，也是不行的。

孩子知道各种各样的聪明话，虽然世间的人很少懂得这些话的意义。

他所以永不想说，并不是没有缘故。

——《新月集·孩童之道》节选　作者：泰戈尔

 **相关链接**

　　词是宋代盛行的一种文学体裁，宋词是一种相对于古体诗的新体诗歌之一，标志着宋代文学的最高成就。宋词中句子有长有短，便于歌唱，因是合乐的歌词，故又称曲子词、乐府、乐章、长短句、诗余、琴趣等。它始于南朝梁代，形成于唐代而极盛于宋代。

第2课　定风波·莫听穿林打叶声

 古韵经典

定风波·莫听穿林打叶声

【宋】　苏轼

三月七日，沙湖道中遇雨。雨具先去，同行皆狼狈，余独不觉。已而遂晴，故作此词。

莫听穿林打叶声，何妨吟啸且徐行。竹杖芒鞋①轻胜马，谁怕？一蓑②烟雨任平生。

料峭③春风吹酒醒，微冷，山头斜照却相迎。回首向来萧瑟④处，归去，也无风雨也无晴。

注释

①芒鞋：草鞋。

②蓑（suō）：蓑衣，用棕叶制成的雨披。

③料峭：微寒的样子。

④萧瑟：风雨吹打树叶声。

我独自在横跨过田地的路上走着，夕阳像一个守财奴似的，正藏起他的最后的金子。

白昼更加深沉地投入黑暗之中，那已经收割了的孤寂的田地，默默地躺在那里。

天空里突然升起了一个男孩子的尖锐的歌声。他穿过看不见的黑暗，留下他的歌声的辙痕跨过黄昏的静谧。

——《新月集·家庭》节选　作者：泰戈尔

词按长短规模大致可分小令（58字以内）、中调（59~90字）和长调（91字以上，最长的词达240字）。一首词，有的只有一段，称为单调；有的分两段，称双调；有的分三段或四段，称三叠或四叠。按音乐性质可分为令、引、慢、三台、序子、法曲、大曲、缠令、诸宫调九种。按拍节可分为：令，也称小令，拍节较短的；引，以小令微而引长的；近，以音调相近，从而引长的；慢，引而愈长的。

第3课　采桑子①·轻舟短棹西湖好

 古韵经典

采桑子·轻舟短棹西湖好

【宋】　欧阳修

轻舟短棹西湖好②，绿水逶迤③。芳草长堤，隐隐笙歌④处处随。

无风水面琉璃⑤滑，不觉船移。微动涟漪⑥，惊起沙禽⑦掠岸飞。

注释

①采桑子：又名丑奴儿、罗敷媚等。双调四十四字，上下阕各四句三平韵。

②轻舟：轻便的小船。短棹：划船用的小桨。西湖：指颍州西湖。在今安徽省太和县东南，是颍水和其他河流汇合处，宋时属颍州。

③绿水：清澈的水。逶迤：形容道路或河道弯曲而长。

④隐隐：隐约。笙歌：指歌唱时有笙管伴奏。

⑤琉璃：指玻璃，这里形容水面光滑。

⑥涟漪：水的波纹。

⑦沙禽：沙洲或沙滩上的水鸟。

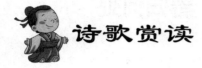
诗歌赏读

风高兴地带走了你踝铃的叮当。

太阳微笑着，望着你的打扮。

当你睡在你妈妈的臂弯里时，天空在上面望着你，而早晨蹑手蹑脚地走到你的床跟前，吻着你的双眼。

风高兴地带走了你踝铃的叮当。

仙乡里的梦婆飞过朦胧的天空，向你飞来。

在你妈妈的心头上，那世界母亲，正和你坐在一块儿。

他，向星星奏乐的人，正拿着他的横笛，站在你的窗边。

——《新月集·不被注意的花饰》节选　作者：泰戈尔

相关链接

每首词都有一个表示音乐性的词调（词牌）。一般来说，词调并不是词的题目，只能把它当作词谱看待。到了宋代，有些词人为了表明词意，常在词调下面另加题目，或者写上一段小序。词一般都分两段（叫作上下片或上下阕），不分段或分段较多的是极少数。一般词调的字数和句子的长短都是固定的，有一定的格式，词的句式参差不齐，基本上是长短句。

第4课 清平乐·春归何处

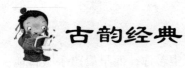 古韵经典

清平乐·春归何处

【宋】 黄庭坚

春归何处？寂寞①无行路②。若有人知春去处，唤取③归来同住。

春无踪迹谁知④？除非问取⑤黄鹂。百啭⑥无人能解⑦，因风⑧飞过蔷薇⑨。

注释

①寂寞：清静，寂静。

②无行路：没有留下春去的行踪。行路，指春天来去的踪迹。

③唤取：唤来。

④谁知：有谁知道春的踪迹。

⑤问取：呼唤，询问。取，语助词。

⑥百啭：形容黄鹂婉转的鸣声。啭，鸟鸣。

⑦解：懂得，理解。

⑧因风：顺着风势。

⑨蔷薇（qiáng wēi）：花木名。品类甚多，花色不一，有单瓣、重瓣，开时连春接夏，有芳香，果实入药。

 诗歌赏读

谁从孩子的眼里把睡眠偷了去呢？我一定要知道。

妈妈把她的水罐挟在腰间，走到近村汲水去了。

这是正午的时候，孩子们游戏的时间已经过去了；池中的鸭子沉默无声。

牧童躺在榕树的荫下睡着了。

白鹤庄重而安静地立在檬果树边的泥泽里。

就在这个时候，偷睡眠者跑来从孩子的两眼里捉住睡眠，便飞去了。

——《新月集·偷睡眠者》节选　作者：泰戈尔

 **相关链接**

关于词牌的来源，有一种情况：词牌。本来是乐曲的名称。例如《菩萨蛮》，据说是唐代大中初年，女蛮国进贡，她们梳着高髻，戴着金冠，满身璎珞（璎珞是身上佩挂的珠宝），像菩萨，当时教坊因此谱成《菩萨蛮曲》。据说唐宜宗爱唱《菩萨蛮》词，可见是当时风行一时的曲子。《西江月》《风入松》《蝶恋花》等，都是属于这一类的，这些都是来自民间的曲调。

第二单元　咏物言志

宋代的咏物词不仅题材境界有所拓展，而且意象比以往各朝代更加神采飞扬，寄托更为深远，物性与社会人性结合得更为紧密，确实能做到传神写照而又"不即不离"。宋末咏物词较多，实为时局所迫、词人曲笔言情的结果。

第5课　卜算子·咏梅①

古韵经典

卜算子·咏梅

【宋】　陆游

驿外②断桥③边，寂寞开无主④。已是黄昏独自愁，更著⑤风和雨。

无意苦争春⑥，一任⑦群芳妒。零落⑧成泥碾⑨作尘，只有香如故⑩。

注释

①卜（bǔ）算子·咏梅：选自吴氏双照楼影宋本《渭南词》卷二。"卜算子"是词牌名。又名"百尺楼""眉峰碧""楚天遥""缺月挂疏桐"等。万树《词律》卷三《卜算子》："毛氏云：'骆义鸟（骆宾王）用数名，人谓为"卜算子"，故牌名取之。'按山谷词，'似扶著卖卜算'，盖取义以今卖卜算命之人也。"

②驿（yì）外：指荒僻、冷清之地。驿：驿站，供驿马或官吏中途休息的专用建筑。

③断桥：残破的桥。一说"断"通"籪"，籪桥乃是古时为拦河捕鱼蟹而设籪所建之桥。

④寂寞：孤单冷清。无主：自生自灭，无人照管和玩赏。

⑤更著：又遭到。更：副词，又，再。著（zhuó）：同"着"，遭受，承受。

⑥苦：尽力，竭力。争春：与百花争奇斗艳。此指争权。

⑦一任：全任，完全听凭。一：副词，全，完全，没有例外。任：动词，任凭。

⑧零落：凋谢，陨落。

⑨碾（niǎn）：轧烂，压碎。

⑩香如故：香气依旧存在。

 ## 诗歌赏读

"我是从哪儿来的，你，在哪儿把我捡起来的？"孩子问他的妈妈说。

她把孩子紧紧地搂在胸前，半哭半笑地答道——

"你曾被我当作心愿藏在我的心里，我的宝贝。"

"你曾存在于我孩童时代玩的泥娃娃身上；每天早晨我用泥土塑造我的神像，那时我反复地塑了又捏碎了的就是你。"

"你曾和我们的家庭守护神一同受到祀奉，我崇拜家神时也就崇拜了你。"

——《新月集·开始》节选　作者：泰戈尔

 ## 相关链接

关于词牌的来源，有下面的一种情况：摘取一首词中的几个字作为词牌。例如《忆江南》本名《望江南》，又名《谢秋娘》。但因白居易有一首咏"江南好"的词，最后一句是"能不忆江南"，所以词牌又叫《忆江南》。《如梦令》原名《忆仙姿》，这是因为后唐庄宗所写的《忆仙姿》中有"如梦，如梦，残月落花烟重"等句。

第6课　花犯·水仙花

 古韵经典

花犯·水仙花

【宋】　周密

楚江①湄②，湘娥③乍见，无言洒清泪，淡然春意。空独倚东风，芳思谁寄？凌波④路冷秋无际。香云随步起，谩记得、汉宫仙掌⑤，亭亭明月底。

冰弦写怨⑥更多情，骚人恨⑦，枉赋芳兰幽芷。春思远，谁叹赏国香⑧风味？相将共、岁寒伴侣⑨，小窗静，沉烟熏翠袂。幽梦觉、涓涓清露，一枝灯影里。

注释

①楚江：泛指江南的江流。

②湄（méi 眉）：水滨，水和草交接的地方。

③湘娥：即湘妃，传说帝舜南行，死于苍梧之野，其二妃娥皇、女英追踪而至，在洞庭湖边听到舜死的消息，南望痛哭，自投湘水而死。后成为湘水女神。此处比喻水仙。

④凌波：形容女子走路时步态轻盈。

⑤汉宫仙掌：汉武帝时所建造的金铜仙人。

⑥冰弦写怨：用湘灵鼓瑟故事。《楚辞·远游》："使湘灵鼓瑟兮，令海若舞冯夷。"钱起《省试湘灵鼓瑟》诗："善鼓云和瑟，常闻帝子灵。冯夷空自舞，楚客不堪听。苦调凄金石，清音入杳冥。苍梧来怨慕，白芷动芳馨。流水传潇浦，悲风过洞庭。曲终人不见，江上数峰青。"刘禹锡《潇湘神》词："斑竹枝，斑竹枝，泪痕点点寄相思。楚客欲听瑶瑟怨，潇湘深夜月明时。"

⑦骚人恨：屈原《离骚》中有"扈江离与辟芷兮，纫秋兰以为佩"。

⑧国香：指极香的花。《左传·宣公三年》："以兰有国香，人服媚之如是。"后因称兰为国香，此处称水仙为国香。黄庭坚《次韵中玉水仙花》诗："可惜国香天不管，随缘流落小民家。"

⑨岁寒伴侣：古人以松、竹、梅为岁寒三友，水仙开在冬末春初，品行高洁，作者因称其为岁寒伴侣。

 诗歌赏读

我愿我能在我孩子的自己的世界的中心，占一角清净地。

我知道有星星同他说话，天空也在他面前垂下，用他傻傻的云朵和彩虹来娱悦他。

那些大家以为他是哑的人，那些看去像是永不会走动的人，都带了他们的故事，捧了满装着五颜六色的玩具的盘子，匍匐地来到他的窗前。

——《新月集·孩子的世界》节选　作者：泰戈尔

 相关链接

关于词牌的来源，有一种最普通的情况：本来就是词的题目。《踏歌词》咏的是舞蹈，《舞马词》咏的是舞马，《唉乃曲》咏的是泛舟，《渔歌子》咏的是打鱼，《浪淘沙》咏的是浪淘沙，《抛球乐》咏的是抛绣球，《更漏子》咏的是夜。凡是词牌下面注明"本意"的，就是说，词牌同时也是词题，也就不再另拟题目了。

第7课　踏莎行①·杨柳回塘②

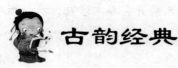古韵经典

踏莎行·杨柳回塘

【宋】　贺铸

杨柳回塘，鸳鸯别浦③。绿萍涨断莲舟路。断无蜂蝶慕幽香，红衣脱尽芳心苦。

返照④迎潮，行云⑤带雨。依依似与骚人⑥语。当年不肯嫁春风⑦，无端却被秋风误。

注释

①踏莎行：词牌名。又名"柳长春""喜朝天"等。双调五十八字，仄韵。又有"转调踏莎行"，双调六十四字或六十六字，仄韵。

②回塘：环曲的水塘。

③别浦：江河的支流入水口。

④返照：夕阳的回光。

⑤行云：流动的云。

⑥骚人：诗人。

⑦不肯嫁春风：语出韩偓《寄恨》中"莲花不肯嫁春风"。张先在《一丛花》词里写道："沉恨细思，不如桃杏，犹解嫁东风。"贺铸是把荷花来和桃杏隐隐对比。以上两句写荷花有"美人迟暮"之感。

 诗歌赏读

为什么你眼里有了眼泪，我的孩子？

他们真是可怕，常常无谓地责备你！

你写字时墨水玷污了你的手和脸——这就是他们所以骂你龌龊的缘故么？

呵，呸！他们也敢因为圆圆的月儿用墨水涂了脸，便骂他龌龊么？

他们总要为了每一件小事去责备你，我的孩子。他们总是无谓地寻人错处。

——《新月集·责备》节选　作者：泰戈尔

 **相关链接**

婉约派的特点，内容比较狭窄，主要是侧重儿女风情。结构缜密，重视音律谐婉，语言圆润，清新绮丽，具有一种柔婉之美。由于长期以来词多趋于婉转柔美，人们便形成了词以婉约为正宗的观念，就以李后主、柳永、周邦彦等词家为"词之正宗"。

第8课　水龙吟①·次韵②章质夫杨花词

 古韵经典

水龙吟·次韵章质夫杨花词

【宋】　苏轼

似花还似非花，也无人惜从教③坠。抛家傍路，思量却是，无情有思④。萦损柔肠⑤，困酣娇眼⑥，欲开还闭。梦随风万里，寻郎去处，又还被、莺呼起⑦。

不恨此花飞尽，恨西园、落红难缀⑧。晓来雨过，遗踪何在？一池萍碎⑨。春色三分⑩，二分尘土，一分流水。细看来，不是杨花，点点是离人泪。

注释

①水龙吟：词牌名。又名"龙吟曲""庄椿岁""小楼连苑"。《清真集》入"越调"。一百零二字，前后片各四仄韵。又第九句第一字并是领格，宜用去声。结句宜用上一、下三句法，较二、二句式收得有力。

②次韵：用原作之韵，并按照原作用韵次序进行创作，称为次韵。章质夫，

即章楶（jié），建州浦城（今属福建）人，时任荆湖北路提点刑狱，常与苏轼诗词酬唱。

③从教：任凭。

④无情有思（sì）：言杨花看似无情，却自有他的愁思。用唐代韩愈《晚春》诗："杨花榆荚无才思，唯解漫天作雪飞。"这里反用其意。思：心绪，情思。

⑤萦：萦绕、牵念。柔肠：柳枝细长柔软，故以柔肠为喻。用唐代白居易《杨柳枝》诗："人言柳叶似愁眉，更有愁肠如柳枝。"

⑥困酣：困倦之极。娇眼：美人娇媚的眼睛，比喻柳叶。古人诗赋中常称初生的柳叶为柳眼。

⑦"梦随"三句用唐代金昌绪《春怨》诗："打起黄莺儿，莫教枝上啼。啼时惊妾梦，不得到辽西。"

⑧落红：落花。缀：连结。

⑨一池萍碎：苏轼自注，"杨花落水为浮萍，验之信然"。

⑩春色：代指杨花。

 诗歌赏读

你想说他什么尽管说罢，但是我知道我孩子的短处。

我爱他并不因为他好，只是因为他是我的小小的孩子。

你如果把他的好处与坏处两两相权一下，恐怕你就会知道他是如何的可爱罢？

当我必须责罚他的时候，他更成为我的生命的一部分了。

当我使他眼泪流出时，我的心也和他同哭了。

只有我才有权去骂他，去责罚他，因为只有热爱人的才可以惩戒人。

——《新月集·审判官》节选　作者：泰戈尔

 相关链接

　　苏轼（1037—1101年），北宋大文学家，对词有着不可磨灭的贡献。他拓展了词的内容，创新了词的形式，提高了词的文学地位，强化了词的文学性，把词引入文学殿堂，从根本上改变了词史的发展方向，树立了词史上的里程碑，大大促进了宋词的发展，使宋词进入鼎盛时期。代表作：《念奴娇·赤壁怀古》《水调歌头·明月几时有》《江城子·密州出猎》。

第三单元　爱国情怀

　　宋代的文人很少用作品来歌功颂德，更缺少盛唐时期那种大国声威和强烈的自信心、自豪感，作品中常常表现出强烈的忧患意识。在国家危亡之际，爱国主题更是成为整个文坛的主导倾向。他们在作品中高扬爱国主义，用诗词抒写中原沦亡的哀愁、家国破碎的悲痛、许身报国的豪情壮志以及报国无门的愤慨和积极顽强的斗争意志。

第9课　满江红·写怀

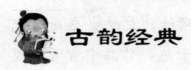

古韵经典

满江红·写怀

【宋】　岳飞

怒发冲冠①，凭栏处、潇潇②雨歇。抬望眼、仰天长啸③，壮怀激烈。三十功名尘与土④，八千里路云和月⑤。莫等闲⑥，白了少年头，空悲切。

靖康耻⑦，犹未雪。臣子恨，何时灭？驾长车，踏破贺兰山⑧缺。壮志饥餐胡虏肉，笑谈渴饮匈奴血。待从头，收拾旧山河，朝天阙⑨。

注释

①怒发冲冠：气得头发竖起，以至于将帽子顶起，形容愤怒至极。冠是指帽子而不是头发竖起。

②潇潇：形容雨势急骤。

③长啸：感情激动时撮口发出清而长的声音，为古人的一种抒情举动。

④三十功名尘与土：年已三十，建立了一些功名，不过很微不足道。

⑤八千里路云和月：形容南征北战、路途遥远、披星戴月。

⑥等闲：轻易，随便。

⑦靖康耻：宋钦宗靖康二年（1127年），金兵攻陷汴京，虏走徽、钦二帝。

⑧贺兰山：贺兰山脉位于宁夏回族自治区与内蒙古自治区交界处。

⑨朝天阙：朝见皇帝。天阙：本指宫殿前的楼观，此指皇帝生活的地方。

 诗歌赏读

孩子，你真是快活呀，一早晨坐在泥土里，耍着折下来的小树枝儿。

我微笑地看你在那里耍着那根折下来的小树枝儿。

我正忙着算账，一小时一小时在那里加叠数字。

也许你在看我，想道：这种好没趣的游戏，竟把你的一早晨的好时间浪费掉了！

孩子，我忘了聚精会神玩耍树枝与泥饼的方法了。

我寻求贵重的玩具，收集金块与银块。

——《新月集·玩具》节选　作者：泰戈尔

 **相关链接**

豪放派的特点，大体是创作视野较为广阔，气象恢宏雄放，喜用诗文的手法、句法和字法写词，语词宏博，用事较多，不拘守音律。南渡以后，由于时代巨变，辛弃疾成为创作豪放词的一代巨擘。豪放词派不但屹然别立一宗，震烁宋代词坛，而且广泛地沾溉词林后学，从宋、金直到清代，历来都有标举豪放旗帜，大力学习"苏辛"的词人。

第 10 课　诉衷情①·当年万里觅封侯②

古韵经典

诉衷情·当年万里觅封侯

【宋】 　陆游

当年万里觅封侯。匹马戍③梁州。关河梦断④何处？尘暗旧貂裘⑤。

胡⑥未灭，鬓先秋⑦，泪空流。此生谁料，心在天山，身老沧州。

注释

①诉衷情：词牌名。

②万里觅封侯：奔赴万里外的疆场，寻找建功立业的机会。《后汉书·班超传》载：班超少有大志，尝曰，大丈夫应当"立功异域，以取封侯，安能久事笔砚间乎？"

③戍（shù）：守边。梁州：《宋史·地理志》载，"兴元府，梁州汉中郡，

山南西道节度"。治所在南郑。陆游著作中，称其参加四川宣抚使幕府所在地，常杂用以上地名。

④关河：关塞、河流。一说指潼关黄河之所在。此处泛指汉中前线险要的地方。梦断：梦醒。

⑤尘暗旧貂裘：貂皮裘上落满灰尘，颜色为之暗淡。这里借用苏秦典故，说自己不受重用，未能施展抱负。据《战国策·秦策》载，苏秦游说秦王"书十上而不行，黑貂之裘敝，黄金百斤尽，资用乏绝，去秦而归"。

⑥胡：古泛称西北各族为胡，亦指来自彼方之物。南宋词中多指金人。此处指金入侵者。

⑦鬓：鬓发。秋：秋霜，比喻年老鬓白。

 诗歌赏读

我不过说："当傍晚圆圆的满月挂在迦昙波的枝头时，有人能去捉住他么？"

哥哥却对我笑道："孩子呀，你真是我所见到的顶顶傻的孩子。月亮离我们这样远，谁能去捉住他呢？"

我说："哥哥，你真傻！当妈妈向窗外探望，微笑着往下看我们游戏时，你也能说她远么？"

哥哥还是说："你这个傻孩子！但是，孩子，你到哪里去找一个大得能逮住月亮的网呢？"

——《新月集·天文家》节选　作者：泰戈尔

相关链接

　　词牌，就是词的格式（调子）的名称。不同的词牌在总句数、每句的字数、平仄上都有规定。词的格式和律诗的格式不同：律诗只有四种格式，而词则总共有一千多个格式（这些格式称为词谱）。所以人们给他们起了一些名字，这些名字就是词牌。有时候，几个格式合用一个词牌，因为他们是同一个格式的若干变体；有时候，同一个格式却有几个名称，那只是因为各家的叫法不同罢了。

第 11 课　江城子^①·密州出猎

古韵经典

江城子·密州出猎

【宋】　苏轼

老夫聊发少年狂^②，左牵黄，右擎苍^③，锦帽貂裘^④，千骑卷平冈^⑤。为报倾城随太守^⑥，亲射虎，看孙郎。

酒酣胸胆尚开张^⑦，鬓微霜，又何妨！持节云中，何日遣冯唐？会挽雕弓如满月，西北望，射天狼。

注释

---

①江城子：词牌名。

②老夫：作者自称，时年四十。聊：姑且，暂且。狂：狂妄。

③左牵黄，右擎苍：左手牵着黄狗，右臂托起苍鹰，形容围猎时用以追捕猎物的架势。

④锦帽貂裘：名词作动词，头戴着华美鲜艳的帽子。貂裘，是汉羽林军穿的服装。

⑤千骑（jì）：形容从骑之多。平冈：指山脊平坦处。

⑥为报：为了报答。太守：古代州府的行政长官。

⑦酒酣胸胆尚开张：尽情畅饮，胸怀开阔，胆气豪壮。尚：更。

 诗歌赏读

妈妈，住在云端的人对我唤道——

"我们从醒的时候游戏到白日终止。"

"我们与黄金色的曙光游戏，我们与银白色的月亮游戏。"

我问道："但是，我怎么能够上你那里去呢？"

他们答道："你到地球的边上来，举手向天，就可以被接到云端里来了。"

"我妈妈在家里等我呢，"我说，"我怎么能离开她而来呢？"

于是他们微笑着浮游而去。

——《新月集·云与波》节选　作者：泰戈尔

 **相关链接**

词题——标题

古人作词时加于词前的题目。词这种文学体裁初现时，词调与词题基本上是合一的。后来，大约从宋代开始，词的内容逐渐与词调脱离，光有词调不足以表明该词的内容，这才另加词题，如苏东坡的《更漏子》（词调名），加"送孙巨源"，说明该词为何而作，后者就是词题。

第 12 课　菩萨蛮①·书江西造口②壁

古韵经典

菩萨蛮·书江西造口壁

【宋】　辛弃疾

郁孤台③下清江水，中间多少行人泪？西北望长安④，可怜无数山⑤。

青山遮不住，毕竟东流去。江晚正愁余⑥，山深闻鹧鸪⑦。

注释

①菩萨蛮：词牌名。

②造口：一名皂口，在江西万安县南六十里。

③郁孤台：今江西省赣州市城区西北部贺兰山顶，又称望阙台，因"隆阜郁然，孤起平地数丈"得名。清江：赣江与袁江合流处旧称清江。

④长安：今陕西省西安市，为汉唐故都。此处代指宋都汴京。

⑤无数山：很多座山。

⑥愁余：使我发愁。

⑦鹧鸪：鸟名。传说其叫声如云"行不得也哥哥"，啼声凄苦。

诗歌赏读

假如我变了一朵金色花，只是为了好玩，长在那棵树的高枝上，笑哈哈地在风中摇摆，又在新生的树叶上跳舞，妈妈，你会认识我么？

你要是叫道："孩子，你在哪里呀？"我暗暗地在那里匿笑，却一声儿不响。

我要悄悄地开放花瓣儿，看着你工作。

——《新月集·金色花》节选　作者：泰戈尔

相关链接

辛弃疾（1140—1207年），字幼安，号稼轩，南宋爱国词人，宋代词作巅峰的代表和所存词作最多的词人。辛弃疾艺术风格多样，以豪放为主，现存词600多首，其词抒写力图恢复国家统一的爱国热情，也有不少吟咏祖国河山的作品。其题材广阔又擅长化用前人典故入词，风格沉雄豪迈又不乏细腻柔媚之处。代表作：《永遇乐·京口北固亭怀古》《摸鱼儿·更能消几番风雨》《清平乐·村居》。

第四单元　咏史怀古

　　咏史怀古词，就是借歌咏或凭吊历史人物、历史事件，来曲折反映社会现实，抒发作者思想感情的一类词作。宋代咏史怀古词的产生和发展，扩大了词的题材，增强了词的现实性。词人们虽然以历史为话语，而往往着眼于现实，在纵横古今、慷慨悲歌的同时，借古讽今，表达自己的情感，言在此而意在彼，此类词往往豪放中又显婉约的韵味。

第 13 课　念奴娇①·赤壁怀古

 古韵经典

念奴娇·赤壁怀古

【宋】　苏轼

大江②东去，浪淘③尽，千古风流人物④。故垒⑤西边，人道是，三国周郎⑥赤壁。乱石穿空，惊涛拍岸，卷起千堆雪⑦。江山如画，一时多少豪杰。

遥想⑧公瑾当年，小乔初嫁了⑨，雄姿英发。羽扇纶巾，谈笑间，樯橹灰飞烟灭。故国神游，多情应笑我，早生华发。人生如梦，一尊还酹江月⑩。

注释

①念奴娇：词牌名。又名"百字令""酹江月"等。

②大江：指长江。　　　　　　③淘：冲洗，冲刷。

④风流人物：指杰出的历史名人。　⑤故垒：过去遗留下来的营垒。

⑥周郎：指三国时吴国名将周瑜，下文中的"公瑾"，即指周瑜。

⑦雪：比喻浪花。　⑧遥想：形容想得很远；回忆。

⑨小乔初嫁了（liǎo）：《三国志·吴志·周瑜传》载，周瑜从孙策攻皖，"得桥公两女，皆国色也。策自纳大桥，瑜纳小桥"。乔，本作"桥"。

⑩雄姿英发（fā）：谓周瑜体貌不凡，言谈卓绝。英发，谈吐不凡，见识卓越。羽扇纶（guān）巾：古代儒将的便装打扮。羽扇，羽毛制成的扇子。纶巾，青丝制成的头巾。樯橹（qiáng lǔ）：这里代指曹操的水军战船。樯，挂帆的桅杆。橹，一种摇船的桨。"樯橹"一作"强虏"，又作"樯虏"，又作"狂虏"。故国神游："神游故国"的倒文。故国：这里指旧地，当年的赤壁战场。神游：于想象、梦境中游历。"多情"二句："应笑我多情，华发早生"的倒文。华发（fà）：花白的头发。一尊还（huán）酹（lèi）江月：古人以酒浇在地上祭奠。这里指洒酒酬月，寄托自己的感情。尊：同"樽"，酒杯。

 ## 诗歌赏读

如果人们知道了我的国王的宫殿在哪里，他就会消失在空气中的。

墙壁是白色的银，屋顶是耀眼的黄金。

皇后住在有七个庭院的宫苑里；她戴的一串珠宝，值得整整七个王国的全部财富。

不过，让我悄悄地告诉你，妈妈，我的国王的宫殿究竟在哪里。

——《新月集·仙人世界》节选　作者：泰戈尔

 **相关链接**

　　苏轼在政治上失意的日子里，常常游览山水，写作诗词，抒发他的心情。有一次，他打听到长江边有个名胜古迹叫作赤壁，于是，他就在一个月光皎洁的夜里，约了几个朋友，乘着小船到赤壁去游览。在那里，他想起三国时期曹操和周瑜大战的情景，触景生情，十分感慨。回来以后，苏轼写了一篇文章，叫作《赤壁赋》。苏轼不但是写散文和写诗的能手，而且在词的创作上也有很高的成就。他写的词，有一种与众不同的豪放风格，在游赤壁之后，他又写了一首《念奴娇·赤壁怀古》。

第14课 南乡子^①·登京口北固亭^②有怀

古韵经典

南乡子·登京口北固亭有怀

【宋】 辛弃疾

何处望神州^③？满眼风光北固楼。千古兴亡^④多少事？悠悠。不尽长江滚滚流。

年少^⑤万兜鍪^⑥，坐断^⑦东南战未休。天下英雄谁敌手？曹刘。生子当如孙仲谋^⑧。

注释

①南乡子：词牌名。

②北固亭：在今镇江市北固山上，下临长江，三面环水。

③神州：这里指中原地区。

④兴亡：指国家兴衰，朝代更替。

⑤年少：年轻。指孙权十九岁继父兄之业统治江东。

⑥兜鍪（dōu móu）：指千军万马。原指古代作战时兵士所带的头盔，这

里代指士兵。

⑦坐断：坐镇，占据，割据。

⑧生子当如孙仲谋：曹操率领大军南下，见孙权的军队雄壮威武，喟然而叹："生子当如孙仲谋，刘景升儿子若豚犬耳。"仲谋，孙权的字。

 诗歌赏读

乌云很快地集拢在森林的黝黑的边缘上。

孩子，不要出去呀！

湖边的一行棕树，向瞑暗的天空撞着头；羽毛零乱的乌鸦，静悄悄地栖在罗望子的枝上，河的东岸正被乌沉沉的暝色所侵袭。

我们的牛系在篱上，高声鸣叫。

孩子，在这里等着，等我先把牛牵进牛棚里去。

——《新月集·雨天》节选 作者：泰戈尔

 **相关链接**

辛弃疾曾写《美芹十论》献给宋孝宗。论文前三篇详细分析了北方人民对女真统治者的怨恨，以及女真统治集团内部的尖锐矛盾。后七篇就南宋方面应如何充实国力、积极准备、及时完成统一中原的事业等问题，提出了一些具体的规划。但是当时宋金议和刚确定，朝廷没有采纳他的建议。1196年秋，辛弃疾生平所有的名衔全部被朝廷削夺得干干净净，在瓢泉过着游山逛水、饮酒赋诗、闲云野鹤的村居生活。

第15课 桂枝香·金陵怀古

 古韵经典

桂枝香·金陵怀古

【宋】 王安石

登临送目①，正故国②晚秋，天气初肃。千里澄江似练③，翠峰如簇④。归帆去棹⑤残阳里，背西风、酒旗斜矗。彩舟云淡，星河鹭起⑥，画图难足⑦。

念往昔，繁华竞逐⑧，叹门外楼头⑨，悲恨相续。千古凭高对此，谩嗟荣辱。六朝旧事随流水，但寒烟、哀草凝绿。至今商女，时时犹唱，后庭遗曲⑩。

注释

①登临送目：登山临水，举目望远。

②故国：旧时的都城，指金陵。

③千里澄江似练：形容长江像一匹长长的白绢。练，白色的绢。

④如簇：这里指群峰好像丛聚在一起。簇，丛聚。

⑤去棹（zhào）：往来的船只。棹，划船的一种工具，形似桨，也可引申为船。

⑥星河鹭（lù）起：白鹭从水中沙洲上飞起。长江中有白鹭洲（在今南京水西门外）。星河，银河，这里指长江。

⑦画图难足：用图画也难以完美地表现他。

⑧繁华竞逐：（六朝的达官贵人）争着过豪华的生活。竞逐：竞相仿效追逐。

⑨门外楼头：指南朝陈亡国惨剧。语出杜牧《台城曲》："门外韩擒虎，楼头张丽华。"韩擒虎是隋朝开国大将，他已带兵来到金陵朱雀门（南门）外，陈后主尚与他的宠妃张丽华于结绮阁上寻欢作乐。

⑩悲恨相续：指亡国悲剧连续发生。凭高：登高。这是说作者登上高处远望。谩嗟荣辱：空叹什么荣耀耻辱。这是作者的感叹。六朝：指三国吴、东晋、南朝宋、齐、梁、陈六个朝代。他们都建都金陵。商女：歌女。《后庭》遗曲：指歌曲《玉树后庭花》，传为陈后主所作。杜牧《泊秦淮》："商女不知亡国恨，隔江犹唱后庭花"，后人认为是亡国之音。

 诗歌赏读

我每天把纸船一个个放在急流的溪中。

我用大黑字写我的名字和我住的村名在纸船上。

我希望住在异地的人会得到这纸船，知道我是谁。

我把园中长的秀利花载在我的小船上，希望这些黎明开的花能在夜里被平平安安地带到岸上。

——《新月集·纸船》节选　作者：泰戈尔

 相关链接

"蝉噪林逾静，鸟鸣山更幽"是王籍的名句。诗人以"噪"衬"静"，益显其静，用"鸣"托"幽"，越显其幽，这两句诗把静景写活了。但王安石看后，却不以为然，大笔一挥，改为"一蝉不噪林逾静，一鸟不鸣山更幽"。王安石用孤立的、静止的观点去看待客观事物，把诗句改得韵味全无，无怪乎当时的诗人黄庭坚讪笑他"点金成铁"。

第 16 课　望海潮·洛阳怀古

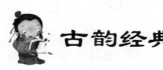

古韵经典

望海潮·洛阳怀古

【宋】　秦观

梅英①疏淡，冰澌②溶泄③，东风暗换年华。金谷俊游，铜驼巷陌，新晴细履平沙。长记误随车。正絮翻蝶舞，芳思交加。柳下桃蹊④，乱分春色到人家。

西园⑤夜饮鸣笳⑥。有华灯碍月，飞盖⑦妨花。兰苑⑧未空，行人渐老，重来是事堪嗟。烟暝⑨酒旗斜。但倚楼极目，时见栖鸦。无奈归心，暗随流水到天涯。

注释

①梅英：梅花。　　　　　　　　　②冰澌（sī）：冰块流融。

③溶泄：溶解流泄。　　　　　　　④桃蹊：桃树下的小路。

⑤西园：即金谷园。

⑥笳：古代西北少数民族的一种管乐器。　⑦飞盖：飞驰车辆上的伞盖。

⑧兰苑：美丽的园林。　⑨烟暝：烟霭弥漫的黄昏。

 诗歌赏读

小孩子们会集在这无边际的世界的海边。

无垠的天穹静止地临于头上，不息的海水在足下汹涌着。小孩子们会集在这无边无际的世界的海边，叫着跳着。

他们拿沙来建筑房屋，拿空贝壳来做游戏。他们把落叶编成了船，微笑地把他们放到广大的深海上。小孩子们在这世界的海边，做他们的游戏。

　　　　　　　　　——《新月集·海边》节选　作者：泰戈尔

 **相关链接**

秦观（1049—1100年），北宋词人，字少游、一字太虚，号淮海居士，扬州高邮（今江苏）人。历官太学博士、秘书省正字，兼国史馆编修等职，元佑党籍。作为北宋文学史上的一位重要作家，秦观一生仕途坎坷，绍圣后累遭贬调；他善诗赋策论，与黄庭坚、晁补之、张耒合称"苏门四学士"。秦观工词诗，词多写男女情爱，伤感身世之作，是婉约词人中一大家；诗风与词相近。著有《淮海集》《淮海居士长短句》等。

宋词

四年级（下）

第一单元　思乡之苦

　　在古代，有的诗人，长期客居在外，或滞留他乡，或漂泊异地，或谋求仕途，或被贬赴任途中，或游历名山大川，或探亲访友。这类诗词，多抒发绵绵的乡愁，表达对亲人无尽的思念和郁郁不得志之情。

第1课　渔家傲①·秋思

古韵经典

渔家傲·秋思

【宋】　范仲淹

塞下秋来风景异②，衡阳雁去③无留意。四面边声④连角⑤起，千嶂⑥里，长烟⑦落日孤城闭。

浊酒一杯家万里，燃然未勒⑧归无计。羌管⑨悠悠霜满地，人不寐，将军白发征夫泪。

注释

①渔家傲：词牌名，双调六十二字，仄韵，上下片各四个七字句，一个三字句，每句用韵，声律谐婉。

②塞下秋来风景异：塞下，边界要塞之地，这里指西北边疆。风景异，指景物与江南一带不同。

③衡阳雁去："雁去衡阳"的倒语，指大雁离开这里飞往衡阳。相传北雁南飞，到湖南的衡阳为止。

④边声：指各种带有边境特色的声响，如大风、号角、羌笛、马啸的声音。

⑤角：古代军中的一种乐器。

⑥千嶂：像屏障一般的群山。

⑦长烟：荒漠上的烟。

⑧燕然未勒：指边患未平、功业未成。燕然：山名，即今蒙古境内之杭爱山；勒：刻石记功。据《后汉书·窦宪传》记载，汉和帝永元元年（89），东汉窦宪追击北匈奴，出塞三千余里，至燕然山刻石记功而还。

⑨羌（qiāng）管：羌笛。出自古代西部羌族的一种乐器。

 ## 诗歌赏读

　　妈妈，天空上的光成了灰色了；我不知道是什么时候了。

　　我玩得怪没劲儿的，所以到你这里来了。这是星期六，是我们的休息日。

　　放下你的活计，妈妈；坐在靠窗的一边，告诉我童话里的特潘塔沙漠在什么地方？

　　雨的影子遮掩了整个白天。

——《新月集·流放的地方》节选　作者：泰戈尔

 ## 相关链接

　　范仲淹被贬饶州不久，妻子李氏病死在饶州，他自己也得了重病。在附近做县令的诗友梅尧臣，寄了一首《灵乌赋》给他，并告诉他说，他在朝中屡次直言，都被当作乌鸦不祥的叫声，希望他拴紧舌头，锁住嘴唇，除了吃喝之外，只管翱翔高飞。范仲淹立即回了一首《灵乌赋》，禀复说，不管人们怎样厌恶乌鸦的哑哑之声，他始终都是宁鸣而死，不默而生！

第2课 望江南①·超然台②作

古韵经典

望江南·超然台作

【宋】 苏轼

春未老，风细柳斜斜。试上超然台上望，半壕③春水一城花。烟雨暗千家。

寒食④后，酒醒却咨嗟⑤。休对故人思故国⑥，且将新火⑦试新茶。诗酒趁年华。

注释

①望江南：原唐教坊曲名，后用为词牌名。又名"忆江南"。

②超然台：筑在密州（今山东诸城）北城上，登台可眺望全城。

③壕：护城河。

④寒食：节令。旧时清明前一天（一说二天）为寒食节。

⑤咨嗟：叹息、慨叹。

⑥故国：这里指故乡、故园。

⑦新火：唐宋习俗，清明前二天起，禁火三日。节后另取榆柳之火称"新火"。新茶：指清明前采摘的"明前茶"。

 诗歌赏读

船夫曼特胡的船只停泊在拉琪根琪码头。

这只船无用地装载着黄麻，无所事事地停泊在那里已经好久了。

只要他肯把他的船借给我，我就给他安装一百只桨，扬起五个或六个或七个布帆来。

我决不把他驾驶到愚蠢的市场上去。

——《新月集·水手》节选　作者：泰戈尔

 **相关链接**

宋代大文豪苏轼非常喜欢谈佛论道，他和佛印禅师关系很好。有一天他登门拜访佛印，问道："你看我是什么？"佛印说："我看你是一尊佛。"苏轼闻之飘飘然，佛印又问苏轼："你看我是什么？"苏轼想难为一下佛印，就说道："我看你是一摊牛粪。"佛印听后默然不语。于是苏轼很得意地跑回家见苏小妹，向她吹嘘自己今天如何一句话噎住了佛印禅师。苏小妹听了直摇头，说道："就你这个悟性还参禅呢，你知道参禅的人最讲究的是什么？是见心见性，你心中有眼中就有。佛印说看你像尊佛，那说明他心中有尊佛；你说佛印像牛粪，想想你心里有什么吧！"

第3课　苏幕遮·燎沉香①

 古韵经典

苏幕遮·燎沉香

【宋】　周邦彦

燎沉香，消溽暑②。鸟雀呼晴，侵晓③窥檐语。叶上初阳干宿雨④，水面清圆，一一风荷举⑤。

故乡遥，何日去？家住吴门，久作长安旅。五月渔郎相忆否？小楫⑥轻舟，梦入芙蓉浦⑦。

注释

①燎（liáo）：烧。沉香：木名，其芯材可作熏香料。沈，现写作沉。沈（沉）香，一种名贵香料，置水中则下沉，故又名沉水香，其香味可辟恶气。

②溽（rù）暑：潮湿的暑气。沈约《休沐寄怀》："临池清溽暑，开幌望高秋。"溽，湿润潮湿。

③侵晓：快天亮的时候。侵，渐近。

④宿雨：昨夜下的雨。

⑤风荷举：意味荷叶迎着晨风，每一片荷叶都挺出水面。举，擎起。司空

图《王官二首》诗："风荷似醉和花舞，沙鸟无情伴客闲。"

⑥楫（jí）：划船用具，短桨。

⑦芙蓉浦：有荷花的水边。有溪涧可通的荷花塘。词中指杭州西湖。唐张宗昌《太平公主山亭侍宴》诗："折桂芙蓉浦，吹箫明月湾。"浦，水湾、河流。芙蓉，又叫"芙蕖"，荷花的别称。

 诗歌赏读

我渴望到河的对岸去。

在那边，好些船只一行儿系在竹竿上；人们在早晨乘船渡过那边去，肩上扛着犁头，去耕耘他们的远处的田；在那边，牧人使他们鸣叫着的牛游泳到河旁的牧场去；黄昏的时候，他们都回家了，只留下豺狼在这满长着野草的岛上哀叫。

妈妈，如果你不在意，我长大的时候，要做这渡船的船夫。

据说有好些古怪的池塘藏在这个高岸之后。

——《新月集·对岸》节选　作者：泰戈尔

 相关链接

周邦彦是我国北宋时期一位享有盛名的词人，在当时的文坛具有举足轻重的地位。清朝的周济曾经在《宋四家词选序》一书中称赞周邦彦的词已经达到了一种叫"浑化"的境界，因此他被后人认为是词的"集大成者"。周邦彦还精通音律，他自己作曲、填词，所以，他除了是一位词人，也是一位音乐家。周邦彦创作了不少新词的曲调，比如《琐窗寒》《瑞龙吟》《花范》等词牌。他的词十分强调格律，所以他被后世称为是格律词的创始人，他的作品也长期被尊为婉约词的正宗。

第4课　阮郎归①·天边金掌②露成霜

 古韵经典

阮郎归·天边金掌露成霜

【宋】　晏几道

天边金掌露成霜。云随雁字③长。绿杯红袖④趁重阳。人情⑤似故乡。

兰佩紫⑥，菊簪黄。殷勤理旧狂⑦。欲将沉醉换悲凉。清歌莫断肠。

注释

①阮郎归：词牌名，又名"碧桃春""醉桃源"等。《神仙记》载刘晨、阮肇入天台山采药，遇二仙女，留住半年，思归甚苦。既归则乡邑零落，经已十世。曲名本此，故作凄音。四十七字，前后片各四平韵。

②金掌：汉武帝时在长安建章宫筑柏梁台，上有铜制仙人以手掌托盘，承接露水。此处以"金掌"借指国都，即汴京。即谓汴京已入深秋。

③雁字：雁群飞行时排列成人字，有时排列成一字，故称雁字。

④绿杯红袖：代指美酒佳人。

⑤人情：风土人情。

⑥"兰佩紫"两句：佩戴紫色兰花，头上插黄菊。屈原《离骚》中有"纫秋兰以为佩"。

⑦理旧狂：重又显出从前狂放不羁的情态。

 诗歌赏读

当雷云在天上轰响，六月的阵雨落下的时候，润湿的东风走过荒野，在竹林中吹着口笛。

于是一群一群的花从无人知道的地方突然跑出来，在绿草上狂欢地跳着舞。

妈妈，我真的觉得那群花朵是在地下的学校里上学。

雨一来，他们便放假了。

——《新月集·花的学校》节选　作者：泰戈尔

 **相关链接**

晏几道，北宋词人，字叔原，号小山，他是北宋词人晏殊第七个儿子。然而晏几道并不像晏殊在政治上有很高的地位，他只做过一些小官。一般讲到北宋词人时，称晏殊为大晏，称晏几道为小晏。晏几道为人孤高自傲，性格狂放，阅世不深，是一个具有浓厚书生气的贵族没落子弟。黄庭坚在《小山词序》中说他有"四痴"：一是不依傍权贵；二是文章"不肯一作新进士语"；三是不会理家理财，"费资千百万"而"家人寒饥"；四是好心反遭恶报，"人百负之而不恨，已信人，终不疑欺已"。

第二单元　忆友赠别

　　"黯然销魂者，唯别而已矣"（江淹《别赋》），正因为如此，赠别成了历代文人吟咏的重要题材。宋代赠别词经过苏轼等人的实践，不再局限于缠绵悱恻的男女之情，而是依据词人的亲身经历，将自己别友、别乡的真挚情感注入词中，扩大了题材范围，丰富了词的表现内容。南宋词人在继承前人的基础上，又在赠别词中融入时势家事，具有强烈而鲜明的时代感。

第5课 浪淘沙·把酒祝东风

古韵经典

浪淘沙·把酒祝东风

【宋】 欧阳修

把酒①祝东风，且共从容②。垂杨紫陌③洛城东。总是④

当时携手处，游遍芳丛。

聚散苦匆匆⑤，此恨无穷。今年花胜去年红。可惜明年

花更好，知与谁同⑥。

注释

①把酒：端着酒杯。

②从容：留恋，不舍。

③紫陌：紫路。洛阳曾是东周、东汉的都城，据说当时曾用紫色土铺路，故名。此指洛阳的道路。洛城：指洛阳。

④总是：大多是，都是。

⑤匆匆：形容时间匆促。

⑥"可惜"两句：杜甫《九日蓝田崔氏庄》诗中有"明年此会知谁健，醉把茱萸仔细看"。

诗歌赏读

妈妈，让我们想象，你待在家里，我到异邦去旅行。

再想象，我的船已经装得满满的在码头上等候启碇了。

现在，妈妈，好生想一想再告诉我，回来的时候我要带些什么给你。

妈妈，你要一堆一堆的黄金么？

在金河的两岸，田野里全是金色的稻实。

——《新月集·商人》节选　　作者：泰戈尔

相关链接

　　欧阳修在翰林院任职时，有一次与同院三个下属出游，见路旁有匹飞驰的马踩死了一只狗。欧阳修提议："请你们分别来记叙一下此事。"只见一人率先说道："有黄犬卧于道，马惊，奔逸而来，蹄而死之。"另一人接着说："有黄犬卧于通衢，逸马蹄而杀之。"最后第三人说："有犬卧于通衢，卧犬遭之而毙。"欧阳修听后笑道："像你们这样修史，一万卷也写不完。"于是那三人连忙请教："那你如何说呢？"欧阳修道："'逸马杀犬于道'，六字足矣！"三人听后脸红地笑了起来，比照自己的冗赘，深深地被欧阳修为文的简洁所折服。

第6课 雨霖铃·寒蝉凄切

 古韵经典

雨霖铃·寒蝉凄切

【宋】 柳永

寒蝉凄切①，对长亭②晚，骤雨初歇。都门③帐饮④无绪，留恋处，兰舟⑤催发。执手相看泪眼，竟无语凝噎⑥。念去去⑦，千里烟波，暮霭沉沉楚天阔⑧。

多情自古伤离别，更那堪，冷落清秋节！今宵酒醒何处？杨柳岸，晓风残月。此去经年，应是良辰好景虚设。便纵有千种风情，更与何人说？

注释

①凄切：凄凉急促。

②长亭：古代在交通要道边每隔十里修建一座长亭供行人休息，又称"十里长亭"。靠近城市的长亭往往是古人送别的地方。

③都门：国都之门。这里代指北宋的首都汴京（今河南开封）。

④帐饮：在郊外设帐饯行。

⑤兰舟：古代传说鲁班曾刻木兰树为舟（南朝梁任昉《述异记》）。这里是对船的美称。

⑥凝噎：喉咙哽塞，欲语不出的样子。

⑦去去：重复"去"字，表示行程遥远。

⑧暮霭沉沉楚天阔：傍晚的云雾笼罩着南天，深厚广阔，不知尽头。

 诗歌赏读

早晨，钟敲十下的时候，我沿着我们的小巷到学校去。

每天我都遇见那个小贩，他叫道："镯子呀，亮晶晶的镯子！"

他没有什么事情急着要做，他没有哪条街一定要走，他没有什么地方一定要去，他没有什么时间一定要回家。

我愿意我是一个小贩，在街上过日子，叫着："镯子呀，亮晶晶的镯子！"

下午四点，我从学校里回家。

从一家门口，我看得见一个园丁在那里掘地。

——《新月集·职业》节选　作者：泰戈尔

 **相关链接**

柳永三兄弟在学习上都是十分刻苦的，据说他们在赶考之前，连家乡"风景奇秀甲天下"的武夷山都没有游玩过。只是在临进京之前，柳永才提出游一次家乡山水，放松一下心情，开阔一下眼界。三兄弟流连于山水之间，乐不思归，柳永更是灵感勃发，思如泉涌，他一气吟出五首《巫山一段云》。词的第一首写道："六六真游洞，三三物外天。九班麟稳破非烟。何处按云轩？昨天麻姑陪宴。又话蓬莱清浅。几回山脚弄云涛。仿佛见金鳌。"

第7课 卜算子·风雨送人来

 古韵经典

卜算子·风雨送人来

【宋】 游次公

风雨送人来，风雨留人住。草草①杯盘②话别离，风雨催人去。

泪眼不曾晴③，眉黛④愁还聚。明日⑤相思莫上楼，楼上多风雨。

注释

①草草：匆忙仓促的样子。

②杯盘：指饮食。

③晴：这里指日日流泪（雨天）从来没有停过（晴天）。

④眉黛：指眉，因古代女子以黛画眉。

⑤明日：明天。

 诗歌赏读

妈妈，你的孩子真傻！她是那么可笑地不懂得事！

她不知道路灯和星星的分别。

当我们玩着把小石子当食物的游戏时，她便以为他们真是吃的东西，竟想放进嘴里去。

当我翻开一本书，放在她面前，在她读 a，b，c 时，她却用手把书页撕了，无端快活地叫起来，你的孩子就是这样做功课的。

当我生气地对她摇头，骂她，说她顽皮时，她却哈哈大笑，以为很有趣。

——《新月集·长者》节选　作者：泰戈尔

 相关链接

游次公，字子明，号西池，又号寒岩，建安（今福建建瓯）人，著名理学家游酢的侄孙，礼部侍郎游操之子。乾道末，为范成大幕僚，多有唱和，又曾为安仁令。著有《倡酬诗卷》，存词五首。

第8课　卜算子①·送鲍浩然②之浙东

 古韵经典

卜算子·送鲍浩然之浙东

【宋】　王观

水是眼波横③，山是眉峰聚④。欲⑤问行人⑥去那边？眉眼盈盈处⑦。

才始⑧送春归，又送君归去。若到江南赶上春，千万和春住。

注释

①卜算子：词牌名。北宋时盛行此曲。万树《词律》以为取义于"卖卜算命之人"。双调，四十四字，上下片各两仄韵。两结亦可酌增衬字，化五言句为六言句，于第三字豆。宋教坊复演为慢曲，《乐章集》入"歇指调"。八十九字，前片四仄韵，后片五仄韵。

②鲍浩然：生平不详，词人的朋友，家住浙江东路，简称浙东。

③水是眼波横：水像美人流动的眼波。古人常以秋水喻美人之眼，这里反用。眼波：比喻目光似流动的水波。

④山是眉峰聚：山如美人蹙起的眉毛。《西京杂记》载卓文君容貌姣好，眉色如望远山，时人效画远山眉。后人遂喻美人之眉为远山，这里反用。

⑤欲：想，想要。

⑥行人：指词人的朋友（鲍浩然）。

⑦眉眼盈盈处：一说比喻山水交汇的地方，另有说是指鲍浩然前去与心上人相会。盈盈：美好的样子。

⑧才始：方才。

 诗歌赏读

我人很小，因为我是一个小孩子，到了我像爸爸一样年纪时，便要变大了。

我的先生要是走来说道："时候晚了，把你的石板，你的书拿来。"

我便要告诉他道："你不知道我已经同爸爸一样大了么？我决不再学什么功课了。"

我的老师便将惊异地说道："他读书不读书可以随便，因为他是大人了。"

——《新月集·小大人》节选　作者：泰戈尔

 **相关链接**

王观（1035—1100年），字通叟，宋代词人，代表作有《卜算子·送鲍浩然之浙东》《临江仙·离杯》《高阳台》等，其中《卜算子》一词以水喻眼波，以山指眉峰，设喻巧妙，又语带双关，写得妙趣横生，堪称杰作。王观的《红芍药》一词写人生短暂，提出人生应追欢及早，写法亦颇有特色。

第三单元 羁旅行役

羁旅行役、思乡念远的悲愁，一直是中国古代诗歌传统的重要题材。宋词中这类作品在继承前代传统的基础上，又染上了鲜明的时代色彩。由于宋代文人生存环境恶劣，因而其作品中有比以往更浓的哀怨悲苦，还融入了伤时之感及兴亡之恨。值得注意的是，历来学界偏重于词人们的一己情感，但客观地讲，家中亲人的愁思也是词人们羁旅行役中的"产品"。

第9课 踏莎行·候馆梅残

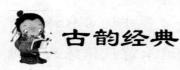 **古韵经典**

踏莎行·候馆梅残

【宋】 欧阳修

候馆①梅残，溪桥柳细。草薰②风暖摇征辔。离愁渐远渐无穷，迢迢③不断如春水。

寸寸柔肠④，盈盈⑤粉泪。楼高莫近危阑⑥倚。平芜⑦尽处是春山，行人更在春山外。

注释

---

①候馆：迎宾候客之馆舍。《周礼·地官·遗人》："五十里有市，市有候馆。"

②草薰：小草散发的清香。薰，香气侵袭。征辔（pèi）：行人坐骑的缰绳。辔，缰绳。此句化用南朝江淹《别赋》"闺中风暖，陌上草薰"而成。

③迢迢：形容遥远的样子。

④寸寸柔肠：柔肠寸断，形容愁苦到极点。

⑤盈盈：泪水充溢眼眶之状。粉泪：泪水流到脸上，与粉妆和在一起。

⑥危阑：也作"危栏"，高楼上的栏杆。

⑦平芜：平坦地向前延伸的草地。芜，草地。

 诗歌赏读

　　妈妈，我真想现在不做功课了。我整个早晨都在念书呢。

　　你说，现在还不过是十二点钟。假定不会晚过十二点罢；难道你不能把不过是十二点钟想象成下午么？

　　我能够容容易易地想象：现在太阳已经到了那片稻田的边缘上了，老态龙钟的渔婆正在池边采撷香草作她的晚餐。

　　我闭上了眼就能够想到，马塔尔树下的阴影是更深黑了，池塘里的水看来黑得发亮。

——《新月集·十二点钟》节选　作者：泰戈尔

 **相关链接**

　　南唐后主李煜，按说不是宋朝人，可他"被"当了大宋的"侯爷"，在宋朝生活了几年，留下不少词作，后人每提及宋词都会从他说起。李煜生于浪漫的七夕节，他42岁生日那天，夜色阑珊，故国不堪回首，于是有感而发，写了《虞美人》这首哀愁词。虽然这首词成就了他在词史上的辉煌，但也是他的亡国之叹！

第10课　踏莎行·郴州旅舍

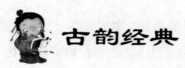 **古韵经典**

踏莎行·郴州旅舍

【宋】　秦观

雾失楼台，月迷津渡①。桃源望断无寻处。可堪②孤馆闭春寒，杜鹃声里斜阳暮。

驿寄梅花③，鱼传尺素④。砌成此恨无重数。郴江幸自⑤绕郴山，为谁⑥流下潇湘去。

注释

---

①津渡：渡口。

②可堪：那堪。

③驿寄梅花：陆凯在《赠范晔》中有"折梅逢驿使，寄与陇头人。江南无所有，聊赠一枝春"。

④鱼传尺素：《古诗》中有"客从远方来，遗我双鲤鱼。呼儿烹鲤鱼，中有尺素书"。

⑤幸自：本自，本来是。

⑥为谁：为什么。

 诗歌赏读

你说爸爸写了许多书，但我却不懂得他所写的东西。

他整个黄昏读书给你听，但是你真懂得他的意思么？

妈妈，你给我们讲的故事，真是好听呀！我很奇怪，爸爸为什么不能写那样的书呢？

难道他从来没有从他自己的妈妈那里听见过巨人和神仙和公主的故事么？

还是已经完全忘记了？

他常常耽误了沐浴，你不得不走去叫他一百多次。

——《新月集·著作家》节选　　作者：泰戈尔

 相关链接

据说宋神宗观赏后主的画像，曾赞叹李煜清俊儒雅，在宋徽宗赵佶出生时他又梦见后主造访。因有此缘故，赵佶的文采、风流都胜于后主，不仅会画画，还擅长书法，其"瘦金体"堪称我国书法史上的明珠。难怪《宋史》中有："宋徽宗诸事皆能，独不能为君耳！"所以宋徽宗的命运比后主还惨："靖康之难"中，他和儿子、妻女、嫔妃都被金人掠去，惨遭蹂躏，其情其状，不堪回首，只好低吟成一首首悲词……

第 11 课　苏幕遮①·碧云天

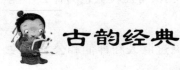

古韵经典

苏幕遮·碧云天

【宋】　范仲淹

碧云天，黄叶地②，秋色连波③，波上寒烟翠④。山映斜阳天接水⑤，芳草无情，更在斜阳外⑥。

黯乡魂⑦，追旅思⑧，夜夜除非，好梦留人睡⑨。明月楼高休独倚，酒入愁肠，化作相思泪。

注释

①苏幕遮：词牌名。此调为西域传入的唐教坊曲。宋代词家用此调是另度新曲。又名"云雾敛""鬓云松令"。双调，六十二字，上下片各五句。

②碧云天，黄叶地：大意是蓝天白云映衬下的金秋大地，一片金黄。黄叶，落叶。

③秋色连波：秋色仿佛与波涛连在一起。

④波上寒烟翠：远远望去，水波映着蓝天翠云和青烟。

⑤山映斜阳天接水：夕阳的余晖映射在山上，仿佛与远处的水天相接。

⑥芳草无情，更在斜阳外：草地延伸到天涯，所到之处比斜阳更遥远。

⑦黯乡魂：心神因怀念故乡而悲伤。黯，黯然，形容心情忧郁，悲伤。

⑧追旅思：撇不开羁旅的愁思。追，紧随，可引申为纠缠。旅思，旅途中的愁苦。

⑨夜夜除非，好梦留人睡：每天夜里，只有做返回故乡的好梦才得以安睡。夜夜除非，即"除非夜夜"的倒装。按本文意应作"除非夜夜好梦留人睡"。

 诗歌赏读

雨从开着的窗口打进来了，把你身上全打湿了，你却不管。

你听见钟已打四下了么？正是哥哥从学校里回家的时候了。

到底发生了什么事，你的神色这样不对？

你今天没有接到爸爸的信么？

我看见邮差在他的袋里带了许多信来，几乎镇里的每个人都分送到了。

——《新月集·恶邮差》节选　作者：泰戈尔

 **相关链接**

北宋文学家范仲淹在醴泉寺读书期间，因知家境窘迫，所以每次离家去寺院时，所带粮米都出人意料的少。初到寺院时，他从早到晚一个心思地读书思考，经常充耳不闻钟声，忘记了吃饭，再去打饭时，又过了时辰。好心的厨僧或小和尚眼看着范仲淹如此废寝忘食地读书，便主动给他

送饭来。为了不再给人添麻烦也为了读书方便，他自己备了小锅小灶，自炊起来。他一边读书，一边续柴煮粥。一锅米粥煮好了，时间也已过了子夜，他便和衣睡去。第二天清早起来，锅里的米粥凉透了，已经凝固成圆圆的一整个。他拿出小刀，在凝固的粥块上面，划上一个十字，完整的一锅粥分成了四块。早晨吃两块，傍晚吃两块，一日两餐，这便是"划粥"。寺院周围大山之中自然生长着野韭菜、野葱、野蒜、野山芹，还有苑菜、苦菜、荠荠菜、蒲公英、王不留、茵陈等十几种可食的野菜。他白天去山洞读书时，顺便拔几种野菜回来。吃饭时，把十几根野韭菜，或野葱、或野蒜，切成细碎末，加入一点盐拌和拌和，一顿佐餐的菜便成了。这就是"断齑"。范仲淹在醴泉寺读书三年，基本都过着"划粥断齑"这种清苦自律的生活。随着范仲淹在北宋历史舞台上光辉业绩的展现，"划粥断齑"也就成了特指范仲淹青少年时代刻苦读书的专用成语。

第 12 课　木兰花①·燕鸿过后莺归去

古韵经典

木兰花·燕鸿过后莺归去

【宋】　晏殊

燕鸿过后莺归去，细算浮生②千万绪。长于春梦③几多时？散似秋云无觅处。

闻琴④解佩神仙侣，挽断罗衣留不住。劝君莫作独醒人⑤，烂醉花间应有数。

注释

①木兰花：词牌名。又名《玉楼春》。

②浮生：谓人生漂浮不定。

③春梦：喻好景不长。

④闻琴：暗指卓文君事。据《史记》载：文君新寡，司马相如于夜以琴挑之，文君遂与相如私奔。解佩：典故出自刘向《列仙传》：郑交甫至汉皋

台下，遇二仙女佩两珠，交甫与她们交谈，想得到她们所佩宝珠，二仙女解佩给他，但转眼仙女和佩珠都不见了。

⑤独醒人：仅有的清醒的人。

 **诗歌赏读**

你坐在一顶轿子里，我骑着一匹红马，在你旁边跑着。

是黄昏的时候，太阳已经下山了。约拉地希的荒地疲乏而灰暗地展开在我们面前，大地是凄凉而荒芜的。

你害怕了，想道——"我不知道我们到了什么地方了。"

我对你说道："妈妈，不要害怕。"

草地上刺蓬蓬地长着针尖似的草，一条狭而崎岖的小道通过这块草地。

—— 《新月集·英雄》节选　作者：泰戈尔

 **相关链接**

晏殊高居相位，兼作词人，以"昨夜西风凋碧树，独上高楼，望断天涯路"名句著称于世。儿子晏几道，疏狂磊落，不慕名利，无心于官场，只钟情于词，而且佳作迭出。苏轼怜才爱才，便让学生黄庭坚引见，怎奈小晏不给面子，拒见大名鼎鼎的苏东坡，被黄庭坚称为"痴人"。

第四单元　愁情闺怨

　　大体而言，在宋代的爱情词中，欢愉之词少而愁苦之词多，绝大部分以诉说悲情为主。这种"以悲为美"的表现形态可以具体分为离别之苦、怨情之苦、丧偶之苦、相思之苦等几个方面。

第 13 课　丑奴儿·书博山道中壁

 古韵经典

丑奴儿·书博山道中壁

【宋】　辛弃疾

少年不识愁滋味，爱上层楼①。爱上层楼，为赋新词强说愁②。

而今识尽愁滋味，欲说还休③。欲说还休，却道天凉好个秋。

注释

---

①层楼：高楼。

②强说愁：无愁而勉强说愁。

③欲说还休：李清照《凤凰台上忆吹箫》中有"多少事，欲说还休"。

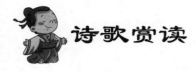 诗歌赏读

是我走的时候了，妈妈，我走了。

当清寂的黎明，你在暗中伸出双臂，要抱你睡在床上的孩子时，我要说道："孩子不在那里呀！"——妈妈，我走了。

我要变成一股清风抚摸着你；我要变成水的涟漪，当你浴时，把你吻了又吻。

大风之夜，当雨点在树叶中淅沥时，你在床上，会听见我的微语，当电光从开着的窗口闪进你的屋里时，我的笑声也偕了他一同闪进了。

——《新月集·告别》节选　作者：泰戈尔

 相关链接

辛弃疾出生时，北方就已沦陷于金人之手，他的祖父辛赞虽在金国任职，却一直希望有机会能够拿起武器和金人决一死战。辛弃疾的先辈和金人有不共戴天之仇，常常带着辛弃疾"登高望远，指画山河"，同时，辛弃疾也不断目睹汉人在金人统治下所受的屈辱与痛苦。这一切使他在青少年时期就立下了恢复中原、报国雪耻的志向，因而他有一种燕赵奇士的侠义之气。

189

第14课 一剪梅①·红藕香残玉簟秋

古韵经典

一剪梅·红藕香残玉簟秋

【宋】 李清照

红藕香残玉簟②秋。轻解罗裳③，独上兰舟④。云中谁寄锦书⑤来？雁字回时，月满西楼。

花自飘零水自流。一种相思，两处闲愁⑥。此情无计可消除，才下眉头，却上心头。

注释

①一剪梅，词牌名，又名"一枝花""腊前梅""腊梅香""腊梅春""玉簟秋""醉中"等。以周邦彦《一剪梅·一剪梅花万样娇》为正体，双调六十字，前后段各六句、三平韵。另有双调六十字，前后段各六句、五平韵；双调五十九字，前段五句三平韵，后段六句三平韵等变体。红藕：红色的荷花。

②玉簟（diàn）：光滑似玉的精美竹席。

③裳（cháng）：古人穿的下衣，也泛指衣服。

④兰舟：这里指小船。

⑤锦书：前秦苏惠曾织锦作《璇玑图诗》，寄其夫窦滔，计八百四十字，纵横反复，皆可诵读，文词凄婉。后人因称妻寄夫为锦字，或称锦书；亦泛为书信的美称。

⑥一种相思，两处闲愁：意思是彼此都在思念对方，可又不能互相倾诉，只好各在一方独自愁闷着。

 诗歌赏读

她走的时候，夜间黑漆漆的，他们都睡了。

现在，夜间也是黑漆漆的，我唤她道："回来，我的宝贝；世界都在沉睡，当星星互相凝视的时候，你来一会儿是没有人会知道的。"

她走的时候，树木正在萌芽，春光刚刚来到。

⋯⋯

常常在游戏的那些人，仍然还在那里游戏，生命总是如此地浪费。

——《新月集·召唤》节选　作者：泰戈尔

 **相关链接**

李清照工诗善文，更擅长词。李清照词，人称"易安词""漱玉词"，以其号与集而得名。《易安集》《漱玉集》，宋人早有著录。其词流传至今的，据今人所辑约有45首，另存疑10余首。她不但有高深的文学修养，而且有大胆的创造精神。她的《漱玉词》，男性亦为之惊叹。从总的情况看，她的创作内容因她在北宋和南宋时期生活的变化而呈现出前后期不同的特点。

第15课 声声慢·寻寻觅觅

 古韵经典

声声慢·寻寻觅觅

【宋】 李清照

寻寻觅觅①，冷冷清清，凄凄惨惨戚戚②。乍暖还寒③时候，最难将息④。三杯两盏淡酒，怎敌他⑤、晚来风急！雁过也，正伤心，却是旧时相识。

满地黄花堆积，憔悴损⑥，如今有谁堪⑦摘？守着窗儿，独自怎生⑧得黑！梧桐更兼细雨⑨，到黄昏、点点滴滴。这次第⑩，怎一个愁字了得！

注释

①寻寻觅觅：意谓想把失去的一切都找回来，表现出非常空虚怅惘、迷茫失落的心态。

②凄凄惨惨戚戚：忧愁苦闷的样子。

③乍暖还（huán）寒：指秋天的天气，忽然变暖，又转寒冷。

④将息：旧时方言，休养调理之意。

⑤怎敌他：对付，抵挡。晚：一本作"晓"。

⑥损：表示程度极高。

⑦堪：可。

⑧怎生：怎样的。生：语助词。

⑨梧桐更兼细雨：暗用白居易《长恨歌》"秋雨梧桐叶落时"诗意。

⑩这次第：这光景、这情形。

 ## 诗歌赏读

呵，这些茉莉花，这些白的茉莉花！

我仿佛记得我第一次双手满捧着这些茉莉花，这些白的茉莉花的时候。

我喜爱那日光，那天空，那绿色的大地；我听见那河水淙淙的流声，在黑漆的午夜里传过来；秋天的夕阳，在荒原上大路转角处迎我，如新妇揭起她的面纱迎接她的爱人。

——《新月集·第一次的茉莉》节选　作者：泰戈尔

 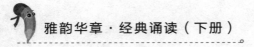

相关链接

　　女词人李清照，生于官宦之家，18岁嫁给宰相的儿子赵明诚。夫妻二人志同道合，收集古董，词赋唱和，饮茶逗趣，胜似神仙美眷。一次夫妻小别，她写了"莫道不消魂，帘卷西风，人比黄花瘦"寄给老赵，好胜心驱使老赵废寝忘食，一下写了50首词，请朋友鉴赏，朋友玩味再三，认为还是李清照的"人比黄花瘦"三句绝佳，老赵只好"自叹弗如"。然而，在靖康之难一路南逃中，老赵一命呜呼，她受尽丧夫、病痛、非议，乃至改嫁、离婚之痛的种种折磨，实在令人唏嘘不已。

第 16 课　鹊桥仙·纤云弄巧

古韵经典

鹊桥仙·纤云弄巧

【宋】　秦观

纤云弄巧①，飞星②传恨，银汉③迢迢④暗度⑤。金风玉露⑥一相逢，便胜却人间无数。

柔情似水，佳期如梦，忍顾⑦鹊桥归路。两情若是久长时，又岂在朝朝暮暮⑧。

注释

①纤云：轻盈的云彩。弄巧：指云彩在空中幻化成各种巧妙的花样。

②飞星：流星。一说指牵牛、织女二星。

③银汉：银河。

④迢迢：遥远的样子。

⑤暗度：悄悄渡过。

⑥金风玉露：指秋风白露。

⑦忍顾：怎忍回视。

⑧朝朝暮暮：指朝夕相聚。语出宋玉《高唐赋》。

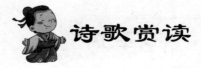 **诗歌赏读**

祝福这个小心灵，这个洁白的灵魂，他为我们的大地，赢得了天的接吻。

他爱日光，他爱见他妈妈的脸。

他没有学会厌恶尘土而渴求黄金。

紧抱他在你的心里，并且祝福他。

他已来到这个歧路百出的大地上了。

我不知道他怎么从群众中选出你来，来到你的门前抓住你的手问路。

——《新月集·祝福》节选　作者：泰戈尔

 **相关链接**

秦观、秦少游是北宋文学史上的一位重要作家，但是，长期以来，人们在谈到秦少游时，习惯上总是把他与婉约词联系在一起，却较少提及他的诗，更少论及他的文。其实，在秦少游现存的所有作品中，词只有三卷100多首，而诗有十四卷430多首，文则达三十卷共250多篇，诗文相加，其篇幅远远超过词若干倍。当然，评价一个作家的成就不能只看作品数量而不看质量，有的作家存世虽只有一部（篇）作品，但其影响巨大，在文学史上的地位却是无可撼动的。尽管如此，要历史而客观地评价秦少游在文学史上的贡献与地位，如果只论其词，而不论其诗其文，尤其是不论其策论，不仅有失偏颇，而且也评不出一个完整的秦少游。